학생용 워크북

BASA와 함께하는
읽기능력 증진 개별화 프로그램

읽기 나침반

① 음운인식편

| 김동일 저 |

학지사

읽기는 인류 역사상 새로운 문명을 개척하는 가장 강력한 요소였으며, 자신을 표현하는 중요한 방식이었습니다. 오늘날 과학기술의 발전과 더불어 매일 새로운 정보를 접하게 됨에 따라 읽기를 통한 학습과 읽기 능력의 중요성은 늘 강조되고 있습니다. 따라서 읽기 능력은 학교 학습의 기초이며, 나아가 학생들의 학업과 생활 전반의 중요한 수단으로서 읽기 활동은 필수적입니다.

이에 취학 전 가정에서 한글 학습을 준비하며 초등학교 입학 전 한글을 익히는 것을 당연시하게 되었습니다. 그럼에도 학교 현장에는 여전히 난독증, 학습부진 및 학습장애뿐만 아니라 다양한 문화 · 경제 · 언어 특성과 같은 요인들로 인하여 읽기 학습에 어려움을 겪는 학생들이 존재합니다. 이에 따라 읽기에 어려움을 보이는 학습자의 정확한 진단 및 적절한 교육 지원의 필요성이 대두됩니다.

우리나라 현실에서는 학교가 학습자의 개별적인 읽기 수행에 맞추어 탄력적으로 수업을 진행하기 어렵고, 모든 학습자에게 가장 효과적인 교수 방법을 찾는 일 또한 요원해 보입니다. 이에 『BASA와 함께하는 읽기능력 증진 개별화 프로그램: 읽기 나침반』 시리즈는 읽기에 심각한 어려움을 겪는 학습자의 현재 수행 수준과 발달 패턴을 살펴보면서 개별화교육이 가능하도록 연구 작업을 통하여 개발되고 수정되었습니다. 이 시리즈는 BASA(Basic Academic Skills Assessment: 기초학습기능 수행평가체제) 읽기검사 결과에 따라 추가적인 중재가 필요한 학습자를 대상으로 학업 생존기술(survival skills)로서 읽기 학습에 초점을 맞추고 있습니다. 따라서 단순히 한글 자모를 외우면서 읽기를 처음 배우는 것을 넘어서서, 다양한 읽기 필수 기능으로서 음운인식, 유창성, 어휘지식, 이해를 계통적으로 밟아 나가며 읽기 전략을 익히도록 기획하였습니다.

1권 〈음운인식편〉은 학습자 중심으로 구성된 '학생용', 그리고 학습자를 돕는 '교사용'으로 구성되었습니다. '학생용'은 총 3단계 과정으로서 1단계에서는 기본모음, 자음을 포함하고, 2단계에서는 쌍자음과 이중모음의 조합을 소개하며, 3단계에서는 복받침을 제외한 받침들을 종류별로 나누어 소개하고 있습니다. 부록에는 학습자가 각 학습 활동에서 사용할 수 있는 붙임딱지와 직접 오려 사용할 수 있는 글자를 포함하여 흥미롭게 진행할 수 있게 제작하였습니다. 이 부록의 글자들은 색깔 코딩이 되어 있어 학습자가 조금 더 의미 있게 한글을 익힐 수 있게 하였습니다.

2권 〈읽기유창성편〉 역시 학습자 중심으로 구성된 '학생용'과 학습자를 돕는 '교사용'으로 구성되어 있으며, 총 3단계 9차시로 구성되어 있습니다. 1단계에는 동요, 동시, 짧은 글을, 2단계에는 감상글, 주장글, 설명글을, 그리고 3단계에는 전래동화, 역할극, 뉴스글을 구성하여 단계별로 지문의 길이가 늘어나며, 차시별로 다양한 종류의 글을 학습자에게 제공하고 있습니다. 또한 '한 걸음 더 나아가기'를 통하여 학습자가 읽기에서 많이 나타나는 읽기의 법칙을 익히고, 읽기에 흥미와 재미를 가질 수 있는 활동들을 함으로써 읽기에 대한 자신감과 성취감을 느낄 수 있도록 하였습니다. 교사용은 학습자를 지도하는 교육자 또는 학부모가 학습자와 함께 할 수 있도록 구성하였습니다.

3권 〈어휘편〉은 초등학교 국어 교과서 어휘들의 빈도분석을 실시하여 학습자에게 우선적으로 가르쳐야 하는 어휘목록을 추출해, 그것을 활용하여 개발하였습니다. 또한 초등학교 교육과정에서 어휘 학습목표를 중심으로 단계를 구분하고, 초등학교 저 · 중 · 고학년에서 사용하는 어휘를 단계적으로 사용해 난이도를 구분하였습니다. 각 단계에서는 학습자가 개념을 충분히 이해할 수 있도록 문제풀이는 물론 교사 또는 또래와의 상호작용을 통해 능동적으로 참여할 수 있게 하는 활동을 포함함으로써 학습한 개념을 복습하고 응용할 수 있도록 구성하였습니다.

4권 〈읽기이해편〉은 총 3단계 과정으로 구성하였는데, 각 단계는 초등학교 1~2학년, 3~4학년, 5~6학년 국어 교과서 및 학년 수준의 읽기 자료를 담고 있습니다. 각 단계에서는 읽기 이해에 필수적인 이야기 구성요소 파악하기, 요약하기, 추론하기 등의 개념 및 원리를 학습자가 그림카드, 게임하기, 도식자 등 다양한 자료와 활동을 통하여 쉽게 이해하고 적용할 수 있도록 제시하였습니다.

이 시리즈는 읽기를 찬찬히 꼼꼼하게 공부하는 우리 학생을 먼저 생각하여 교과서 및 다양한 읽기 자료를 기반으로 개별화 학습이 가능하도록 구성되었습니다. 우리 학생들이 의미 있는 증거기반 읽기전략 학습 탐색의 기회에 지속적으로 참여하면서 자신의 눈높이에서 학습자 중심의 자기주도학습의 주체로서 읽기를 배우고 즐기기를 진심으로 기대합니다.

2017년

서울대학교 교육종합연구원 특수교육연구소(SNU SERI) 소장

오름 김동일

단계
01

1차시 ▶ 기본모음

학습 목표 모음을 보고 이해할 수 있다.

모음의 구성을 알아봅시다. 부록

•	ㅡ	ㅣ

TIP 모음은 이 세 글자를 조합하여 만들어졌습니다. '•'를 'ㅣ'의 오른쪽에 쓰면 'ㅏ'가 되고 '•'를 'ㅣ'의 왼쪽에 쓰면 'ㅓ'가 됩니다. '•'를 'ㅡ'의 위에 쓰면 'ㅗ'가 '•'를 'ㅡ'의 아래에 쓰면 'ㅜ'가 됩니다. 또한 '•'을 'ㅣ'의 오른쪽에 두 번 쓰면 'ㅑ'가 되고 왼쪽에 두 번 쓰면 'ㅕ'가 됩니다. 마찬가지로 '•'을 위에 두 번 쓰면 'ㅛ'가 되고 아래에 두 번 쓰면 'ㅠ'가 됩니다.

각 모음을 써 봅시다.

ㅏ	ㅣ•	ㅣ∘	ㅏ	ㅏ
ㅑ	ㅣ:	ㅣ∘∘	ㅑ	ㅑ
ㅓ	•ㅣ	∘ㅣ	ㅓ	ㅓ
ㅕ	:ㅣ	∘∘ㅣ	ㅕ	ㅕ
ㅗ	• ㅡ	∘ ㅡ	ㅗ	ㅗ
ㅛ	•• ㅡ	∘∘ ㅡ	ㅛ	ㅛ
ㅜ	ㅡ •	ㅡ ∘	ㅜ	ㅜ
ㅠ	ㅡ ••	ㅡ ∘∘	ㅠ	ㅠ
ㅡ	ㅡ	ㅡ	ㅡ	ㅡ
ㅣ	ㅣ	ㅣ	ㅣ	ㅣ

TIP '•'와 'ㅣ' 그리고 'ㅡ'를 연결하면 모음이 됩니다.

2차시 단순모음

학습 목표 단순모음(ㅏ ㅓ ㅗ ㅜ ㅡ ㅣ)을 발음할 수 있다.

각 모음의 발음을 선생님을 따라 읽어 봅시다. 그리고 소리 내어 읽으며 빈칸에 모음을 써 봅시다. 부록

ㅏ	/아-/	ㅏ	ㅏ	ㅏ
ㅓ	/어-/	ㅓ	ㅓ	ㅓ
ㅗ	/오-/	ㅗ	ㅗ	ㅗ
ㅜ	/우-/	ㅜ	ㅜ	ㅜ
ㅡ	/으-/	ㅡ	ㅡ	ㅡ
ㅣ	/이-/	ㅣ	ㅣ	ㅣ

각 모음에 맞는 붙임딱지를 붙여 보고 아래에 직접 써 보아요. 부록

	ㅏ	ㅓ	ㅗ	ㅜ	ㅡ	ㅣ
붙임딱지:						
내 글씨:						

3차시 ▶ 미끌모음

학습 목표 미끌모음(ㅑ ㅕ ㅛ ㅠ)을 발음할 수 있다.

각 모음의 발음을 선생님을 따라 읽어 봅시다. 그리고 소리 내어 읽으며 빈칸에 모음을 써 봅시다. 부록

ㅑ	/이/+/아/=/야/	ㅑ	ㅑ	ㅑ
ㅕ	/이/+/어/=/여/	ㅕ	ㅕ	ㅕ
ㅛ	/으/+/오/=/요/	ㅛ	ㅛ	ㅛ
ㅠ	/으/+/우/=/유/	ㅠ	ㅠ	ㅠ

각 모음에 맞는 붙임딱지를 붙여 보고 아래에 직접 써 보아요. 부록

	ㅑ	ㅕ	ㅛ	ㅠ
붙임딱지:				
내 글씨:				

4차시 기본자음

학습 목표 기본자음을 보고 이해할 수 있다.

모양이 비슷한 것끼리 짝지어 볼까요? 부록

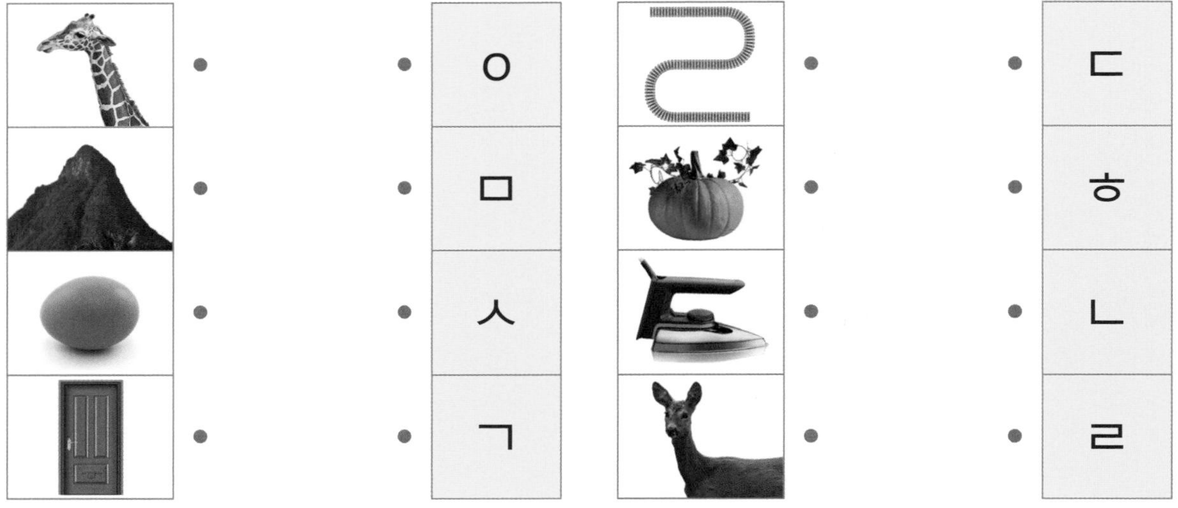

각 자음을 써 봅시다. 순서를 올바르게 쓰면서 크게 읽어 보아요.

ㄱ /기역/="그"	ㄱ	ㄱ	ㅇ /이응/="으"	ㅇ	ㅇ
ㄴ /니은/="느"	ㄴ	ㄴ	ㅈ /지읒/="즈"	ㅈ	ㅈ
ㄷ /디귿/="드"	ㄷ	ㄷ	ㅊ /치읓/="츠"	ㅊ	ㅊ
ㄹ /리을/="르"	ㄹ	ㄹ	ㅋ /키읔/="크"	ㅋ	ㅋ
ㅁ /미음/="므"	ㅁ	ㅁ	ㅌ /티읕/="트"	ㅌ	ㅌ
ㅂ /비읍/="브"	ㅂ	ㅂ	ㅍ /피읖/="프"	ㅍ	ㅍ
ㅅ /시옷/="스"	ㅅ	ㅅ	ㅎ /히읗/="흐"	ㅎ	ㅎ

5차시 ▶ 쌍자음

학습 목표 쌍자음을 보고 이해할 수 있다.

모양이 비슷한 것끼리 짝지어 볼까요? 부록

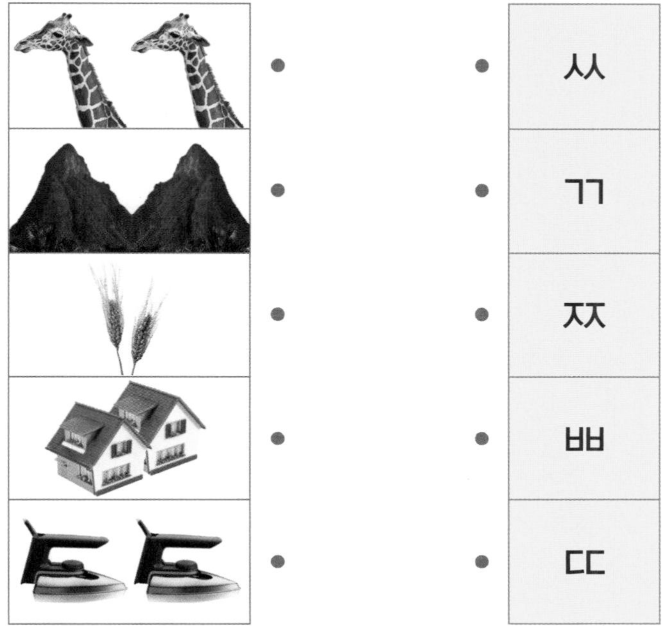

ㅆ
ㄲ
ㅉ
ㅃ
ㄸ

각 자음을 써 봅시다. 순서를 올바르게 쓰면서 크게 읽어 보아요.

ㄲ /쌍기역/="끄"	ㄲ	ㄲ	ㅉ /쌍지읒/="쯔"	ㅉ	ㅉ
ㅆ /쌍시옷/="쓰"	ㅆ	ㅆ	ㅃ /쌍비읍/="쁘"	ㅃ	ㅃ
ㄸ /쌍디귿/="뜨"	ㄸ	ㄸ			

6차시 자음(양순음)

학습 목표 양순음(ㅁ ㅂ ㅃ ㅍ)을 발음할 수 있다.

각 자음의 발음을 선생님을 따라 읽어 봅시다. 그리고 소리 내어 읽으며 빈칸에 자음을 써 봅시다.

ㅁ	/므/	ㅁ	ㅁ	ㅁ
ㅂ	/브/	ㅂ	ㅂ	ㅂ
ㅃ	/쁘/	ㅃ	ㅃ	ㅃ
ㅍ	/프/	ㅍ	ㅍ	ㅍ

'ㅁ', 'ㅂ', 'ㅃ', 'ㅍ' 발음은 윗입술과 아랫입술이 닿았다가 떨어지면서 소리가 난다는 공통점이 있어요. 4개의 자음을 연달아 빠르게 발음해 보세요. 자음을 분류해 보면서 읽어 보아요.

부록

선생님의 발음을 듣고 맞는 자음을 찾아 동그라미 쳐 보세요.

①	ㅁ	ㅂ	ㅍ	②	ㅂ	ㅍ	ㅃ
③	ㅂ	ㅂ	ㅍ	④	ㅁ	ㅂ	ㅍ

선생님이 연속해서 들려주는 발음을 듣고 맞는 자음에 동그라미 쳐 보세요.

①	ㅁ - ㅂ	ㅁ - ㅃ	②	ㅂ - ㅍ	ㅁ - ㅍ
③	ㅁ - ㅍ	ㅂ - ㅍ	④	ㅃ - ㅂ	ㅂ - ㅃ
⑤	ㅍ - ㅂ	ㅂ - ㅂ	⑥	ㅂ - ㅃ	ㅍ - ㅃ

7차시 자음(연구개음)

학습 목표 연구개음(ㄱ ㄲ ㅋ ㅇ)을 발음할 수 있다.

각 자음의 발음을 선생님을 따라 읽어 봅시다. 그리고 소리 내어 읽으며 빈칸에 자음을 써 봅시다.

ㄱ	/그/	ㄱ	ㄱ	ㄱ
ㄲ	/끄/	ㄲ	ㄲ	ㄲ
ㅋ	/크/	ㅋ	ㅋ	ㅋ
ㅇ	/으/	ㅇ	ㅇ	ㅇ

'ㄱ', 'ㄲ', 'ㅋ', 'ㅇ' 발음은 혀의 뒷부분과 입천장 사이에서 나는 소리라는 공통점이 있어요. 4개의 자음을 연달아 빠르게 발음해 보세요. 자음을 분류해 보면서 읽어 보아요. 부록

선생님의 발음을 듣고 맞는 자음을 찾아 동그라미 쳐 보세요.

①	ㄱ	ㄲ	ㅇ	②	ㄲ	ㅇ	ㅋ
③	ㄲ	ㅋ	ㅇ	④	ㄱ	ㄲ	ㅇ

선생님이 연속해서 들려주는 발음을 듣고 맞는 자음에 동그라미 쳐 보세요.

①	ㄱ-ㄲ	ㄱ-ㅋ	②	ㄲ-ㅇ	ㄱ-ㅇ
③	ㄱ-ㅇ	ㄲ-ㅇ	④	ㅋ-ㄲ	ㄲ-ㅋ
⑤	ㅇ-ㄲ	ㄲ-ㄲ	⑥	ㅇ-ㅋ	ㅇ-ㄲ

8차시 자음(치조음)

학습 목표 치조음(ㄷ ㄸ ㅌ ㄴ)을 발음할 수 있다.

각 자음의 발음을 선생님을 따라 읽어 봅시다. 그리고 소리 내어 읽으며 빈칸에 자음을 써 봅시다.

ㄷ	/드/	ㄷ	ㄷ	ㄷ
ㄸ	/뜨/	ㄸ	ㄸ	ㄸ
ㅌ	/트/	ㅌ	ㅌ	ㅌ
ㄴ	/느/	ㄴ	ㄴ	ㄴ

'ㄷ', 'ㄸ', 'ㅌ', 'ㄴ' 발음은 혀끝과 윗앞니 뒷면의 잇몸이 맞닿았다가 떨어지면서 소리가 난다는 공통점이 있어요. 4개의 자음을 연달아 빠르게 발음해 보세요. 자음을 분류해 보면서 읽어 보아요. 부록

선생님의 발음을 듣고 맞는 자음을 찾아 동그라미 쳐 보세요.

①	ㄷ	ㄸ	ㅌ	②	ㄸ	ㅌ	ㄴ
③	ㅌ	ㄴ	ㄷ	④	ㄴ	ㄷ	ㄸ

선생님이 연속해서 들려주는 발음을 듣고 맞는 자음에 동그라미 쳐 보세요.

①	ㄷ-ㅌ	ㄷ-ㄸ	②	ㄷ-ㅌ	ㄷ-ㄴ
③	ㄸ-ㅌ	ㄷ-ㄴ	④	ㄸ-ㅌ	ㄸ-ㄴ
⑤	ㅌ-ㄴ	ㄸ-ㄴ	⑥	ㅌ-ㄴ	ㄷ-ㄸ

9차시 ▶ 자음(경구개음)

학습 목표 경구개음(ㅈ ㅉ ㅊ)을 발음할 수 있다.

각 자음의 발음을 선생님을 따라 읽어 봅시다. 그리고 소리 내어 읽으며 빈칸에 자음을 써 봅시다.

ㅈ	/즈/	ㅈ	ㅈ	ㅈ
ㅉ	/쯔/	ㅉ	ㅉ	ㅉ
ㅊ	/츠/	ㅊ	ㅊ	ㅊ

'ㅈ', 'ㅉ', 'ㅊ' 발음은 윗니와 맞닿아 있는 입천장에 혀끝이 닿았다가 빠르게 떼면서 소리가 난다는 공통점이 있어요. 3개의 자음을 연달아 빠르게 발음해 보세요. 자음을 분류해 보면서 읽어 보아요. 부록

선생님의 발음을 듣고 맞는 자음을 찾아 동그라미 쳐 보세요.

①	ㅈ	ㅉ	ㅊ	②	ㅉ	ㅈ	ㅊ
③	ㅊ	ㅉ	ㅈ	④	ㅊ	ㅈ	ㅉ

선생님이 연속해서 들려주는 발음을 듣고 맞는 자음에 동그라미 쳐 보세요.

①	ㅈ-ㅉ	ㅉ-ㅈ	②	ㅈ-ㅉ	ㅉ-ㅈ
③	ㅈ-ㅉ	ㅉ-ㅊ	④	ㅊ-ㅉ	ㅉ-ㅊ
⑤	ㅊ-ㅈ	ㅈ-ㅊ	⑥	ㅊ-ㅈ	ㅈ-ㅊ

10차시 자음(기타음)

학습 목표 기타 자음(ㅅ ㅆ ㅎ ㄹ)을 발음할 수 있다.

각 자음의 발음을 선생님을 따라 읽어 봅시다. 그리고 소리 내어 읽으며 빈칸에 자음을 써 봅시다.

ㅅ	/스/	ㅅ	ㅅ	ㅅ
ㅆ	/쓰/	ㅆ	ㅆ	ㅆ
ㅎ	/흐/	ㅎ	ㅎ	ㅎ
ㄹ	/르/	ㄹ	ㄹ	ㄹ

'ㅅ', 'ㅆ', 'ㅎ', 'ㄹ' 발음은 발음에 유의해서 4개의 자음을 연달아 빠르게 발음해 보세요. 자음을 분류해 보면서 읽어 보아요. 부록

선생님의 발음을 듣고 맞는 자음을 찾아 동그라미 쳐 보세요.

①	ㅅ	ㅆ	ㅎ	②	ㅆ	ㅎ	ㄹ
③	ㄹ	ㅎ	ㅆ	④	ㄹ	ㅅ	ㅎ

선생님이 연속해서 들려주는 발음을 듣고 맞는 자음에 동그라미 쳐 보세요.

①	ㅅ-ㅆ	ㅎ-ㅅ	②	ㅎ-ㄹ	ㄹ-ㅎ
③	ㅆ-ㅅ	ㅅ-ㅎ	④	ㅅ-ㄹ	ㅆ-ㅎ
⑤	ㅅ-ㅎ	ㄹ-ㅆ	⑥	ㅆ-ㅅ	ㅆ-ㅎ

11차시 ▶ 이중모음('ㅏ'와 'ㅓ'의 친구들)

학습 목표 ㅏ ㅓ와 관련된 이중모음 ㅐ ㅔ을 발음할 수 있다.

배웠던 기본 모음을 바탕으로 이중모음의 구성을 알아봅시다.

•	ㅡ	ㅣ

TIP 모음은 이 세 글자를 조합하여 만들어졌습니다.

아래의 모음을 써 보고 배워 봅시다.

ㅏ	ㅣ•	ㅣ∘	ㅏ	ㅏ
ㅐ	ㅣ•ㅣ	ㅣ∘ㅣ	ㅐ	ㅐ
ㅓ	•ㅣ	∘ㅣ	ㅓ	ㅓ
ㅔ	•ㅣㅣ	∘ㅣㅣ	ㅔ	ㅔ

TIP '•'와 'ㅣ' 그리고 'ㅡ'를 연결하면 모음이 됩니다. 왼쪽부터 차례대로 쓰세요.

각 모음에 맞는 모음 붙임딱지를 붙여 보고 아래에 직접 써 보아요. 부록

	ㅓ	ㅐ	ㅏ	ㅔ
붙임딱지:				
내 글씨:				

12차시 ▶ 이중모음('ㅑ'와 'ㅕ'의 친구들)

학습 목표 ㅑ ㅕ와 관련된 이중모음 ㅒ ㅖ를 발음할 수 있다.

배웠던 기본 모음을 바탕으로 이중모음의 구성을 알아봅시다.

:	ㅡ	ㅣ

TIP 모음은 이 세 글자를 조합하여 만들어졌습니다.

아래의 모음을 써 보고 배워 봅시다.

ㅑ	ㅣ:	ㅣ:	ㅑ	ㅑ
ㅒ	ㅣ:ㅣ	ㅣ:ㅣ	ㅒ	ㅒ
ㅕ	:ㅣ	:ㅣ	ㅕ	ㅕ
ㅖ	:ㅣㅣ	:ㅣㅣ	ㅖ	ㅖ

TIP '•'와 'ㅣ' 그리고 'ㅡ'를 연결하면 모음이 됩니다. 왼쪽부터 차례대로 쓰세요.

각 모음에 맞는 모음 붙임딱지를 붙여 보고 아래에 직접 써 보아요. 부록

	ㅑ	ㅒ	ㅕ	ㅖ
붙임딱지:				
내 글씨:				

13차시 ▶ 이중모음('ㅗ'의 친구들)

학습 목표 ㅗ와 관련된 이중모음 ㅘ ㅚ ㅙ를 발음할 수 있다.

배웠던 기본 모음을 바탕으로 이중모음의 구성을 알아봅시다.

•	ㅡ	ㅣ

TIP 모음은 이 세 글자를 조합하여 만들어졌습니다.

아래의 모음을 써 보고 배워 봅시다.

ㅗ	ㅗ	ㅗ	ㅗ	ㅗ
ㅘ	ㅗ ㅏ	ㅗ ㅏ	ㅘ	ㅘ
ㅚ	ㅗ ㅣ	ㅗ ㅣ	ㅚ	ㅚ
ㅙ	ㅗ ㅐ	ㅗ ㅐ	ㅙ	ㅙ

TIP '•'와 'ㅣ' 그리고 'ㅡ'를 연결하면 모음이 됩니다. 왼쪽부터 차례대로 쓰세요.

각 모음에 맞는 모음 붙임딱지를 붙여 보고 아래에 직접 써 보아요. 부록

	ㅚ	ㅘ	ㅗ	ㅙ
붙임딱지:				
내 글씨:				

14차시 ▶ 이중모음('ㅜ'의 친구들)

학습 목표 ㅜ와 관련된 이중모음 ㅝ ㅟ ㅞ를 발음할 수 있다.

배웠던 기본 모음을 바탕으로 이중모음의 구성을 알아봅시다.

•	ㅡ	ㅣ

TIP 모음은 이 세 글자를 조합하여 만들어졌습니다.

아래의 모음을 써 보고 배워 봅시다.

ㅜ	ㅡ •	ㅡ •	ㅜ	ㅜ
ㅝ	ㅡ • • ㅣ	ㅡ • • ㅣ	ㅝ	ㅝ
ㅟ	ㅡ • ㅣ	ㅡ • ㅣ	ㅟ	ㅟ
ㅞ	ㅡ • • ㅣㅣ	ㅡ • • ㅣㅣ	ㅞ	ㅞ

TIP '•'와 'ㅣ' 그리고 'ㅡ'를 연결하면 모음이 됩니다. 왼쪽부터 차례대로 쓰세요.

각 모음에 맞는 모음 붙임딱지를 붙여 보고 아래에 직접 써 보아요.

	ㅚ	ㅘ	ㅗ	ㅙ
붙임딱지:				
내 글씨:				

15차시 ▶ 이중모음('ㅡ'와 'ㅣ'의 친구들)

학습 목표 ㅡ ㅣ와 관련된 이중모음 ㅢ를 발음할 수 있다.

배웠던 기본 모음을 바탕으로 이중모음의 구성을 알아봅시다.

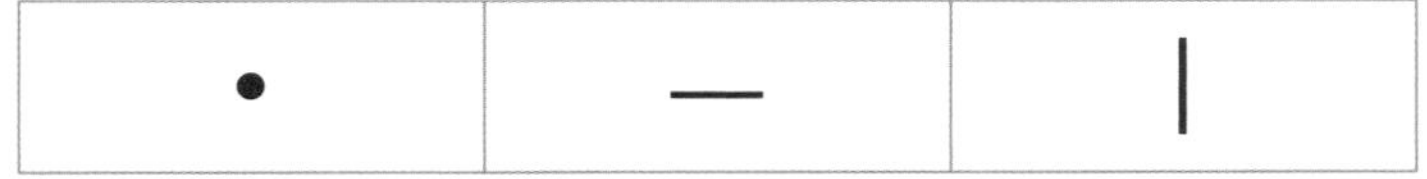

•	ㅡ	ㅣ

TIP 모음은 이 세 글자를 조합하여 만들어졌습니다.

아래의 모음을 써 보고 배워 봅시다.

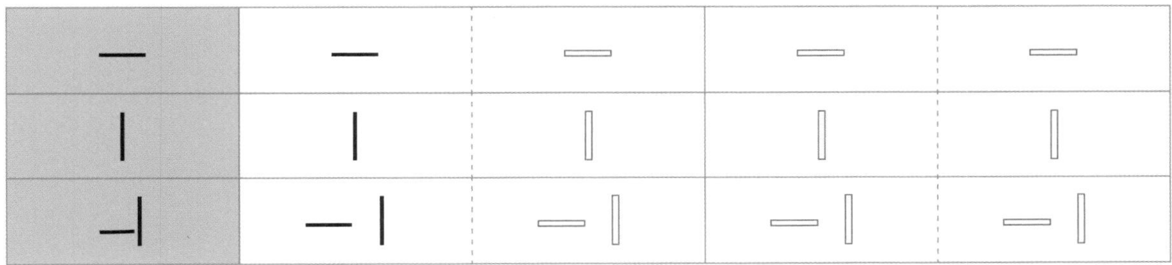

ㅡ	ㅡ	ㅡ	ㅡ	ㅡ
ㅣ	ㅣ	ㅣ	ㅣ	ㅣ
ㅢ	ㅡ ㅣ	ㅡ ㅣ	ㅡ ㅣ	ㅡ ㅣ

TIP '•'와 'ㅣ' 그리고 'ㅡ'를 연결하면 모음이 됩니다. 왼쪽부터 차례대로 쓰세요.

각 모음에 맞는 모음 붙임딱지를 붙여 보고 아래에 직접 써 보아요.

	ㅡ	ㅣ	ㅢ	ㅣ
붙임딱지:				
내 글씨:				

단계
02

16차시 ▶ 자음 + 단순모음(ㅏ ㅓ ㅗ ㅜ ㅡ ㅣ)

학습 목표 자음 + 단순모음(ㅏ ㅓ ㅗ ㅜ ㅡ ㅣ)으로 이루어진 글자를 읽고 발음할 수 있다.

자음과 모음 'ㅏ'으로 이루어진 글자를 따라 적으면서 크게 발음하여 봅시다. 먼저 써 본 후에 글자를 만들어 보아요. 부록

ㄱ + ㅏ	/그/+/아/	/가/	가	가	가
ㄴ + ㅏ	/느/+/아/	/나/	나	나	나
ㄷ + ㅏ	/드/+/아/	/다/	다	다	다
ㄹ + ㅏ	/르/+/아/	/라/	라	라	라
ㅁ + ㅏ	/므/+/아/	/마/	마	마	마
ㅂ + ㅏ	/브/+/아/	/바/	바	바	바
ㅅ + ㅏ	/스/+/아/	/사/	사	사	사
ㅇ + ㅏ	/으/+/아/	/아/	아	아	아
ㅈ + ㅏ	/즈/+/아/	/자/	자	자	자
ㅊ + ㅏ	/츠/+/아/	/차/	차	차	차
ㅋ + ㅏ	/크/+/아/	/카/	카	카	카
ㅌ + ㅏ	/트/+/아/	/타/	타	타	타
ㅍ + ㅏ	/프/+/아/	/파/	파	파	파
ㅎ + ㅏ	/흐/+/아/	/하/	하	하	하

자음과 모음 'ㅓ'으로 이루어진 글자를 따라 적으면서 크게 발음하여 봅시다. 먼저 써 본 후에 글자를 만들어 보아요. 부록

ㄱ + ㅓ	/그/+/어/	/거/	거	거	거
ㄴ + ㅓ	/느/+/어/	/너/	너	너	너
ㄷ + ㅓ	/드/+/어/	/더/	더	더	더
ㄹ + ㅓ	/르/+/어/	/러/	러	러	러
ㅁ + ㅓ	/므/+/어/	/머/	머	머	머
ㅂ + ㅓ	/브/+/어/	/버/	버	버	버
ㅅ + ㅓ	/스/+/어/	/서/	서	서	서
ㅇ + ㅓ	/으/+/어/	/어/	어	어	어
ㅈ + ㅓ	/즈/+/어/	/저/	저	저	저
ㅊ + ㅓ	/츠/+/어/	/처/	처	처	처
ㅋ + ㅓ	/크/+/어/	/커/	커	커	커
ㅌ + ㅓ	/트/+/어/	/터/	터	터	터
ㅍ + ㅓ	/프/+/어/	/퍼/	퍼	퍼	퍼
ㅎ + ㅓ	/흐/+/어/	/허/	허	허	허

자음과 모음 'ㅗ'으로 이루어진 글자를 따라 적으면서 크게 발음하여 봅시다. 먼저 써 본 후에 글자를 만들어 보아요. 부록

ㄱ+ㅗ	/그/+/오/	/고/	고	고	고
ㄴ+ㅗ	/느/+/오/	/노/	노	노	노
ㄷ+ㅗ	/드/+/오/	/도/	도	도	도
ㄹ+ㅗ	/르/+/오/	/로/	로	로	로
ㅁ+ㅗ	/므/+/오/	/모/	모	모	모
ㅂ+ㅗ	/브/+/오/	/보/	보	보	보
ㅅ+ㅗ	/스/+/오/	/소/	소	소	소
ㅇ+ㅗ	/으/+/오/	/오/	오	오	오
ㅈ+ㅗ	/즈/+/오/	/조/	조	조	조
ㅊ+ㅗ	/츠/+/오/	/초/	초	초	초
ㅋ+ㅗ	/크/+/오/	/코/	코	코	코
ㅌ+ㅗ	/트/+/오/	/토/	토	토	토
ㅍ+ㅗ	/프/+/오/	/포/	포	포	포
ㅎ+ㅗ	/흐/+/오/	/호/	호	호	호

자음과 모음 'ㅜ'으로 이루어진 글자를 따라 적으면서 크게 발음하여 봅시다. 먼저 써 본 후에 글자를 만들어 보아요. 부록

ㄱ+ㅜ	/그/+/우/	/구/	구	구	구
ㄴ+ㅜ	/느/+/우/	/누/	누	누	누
ㄷ+ㅜ	/드/+/우/	/두/	두	두	두
ㄹ+ㅜ	/르/+/우/	/루/	루	루	루
ㅁ+ㅜ	/므/+/우/	/무/	무	무	무
ㅂ+ㅜ	/브/+/우/	/부/	부	부	부
ㅅ+ㅜ	/스/+/우/	/수/	수	수	수
ㅇ+ㅜ	/으/+/우/	/우/	우	우	우
ㅈ+ㅜ	/즈/+/우/	/주/	주	주	주
ㅊ+ㅜ	/츠/+/우/	/추/	추	추	추
ㅋ+ㅜ	/크/+/우/	/쿠/	쿠	쿠	쿠
ㅌ+ㅜ	/트/+/우/	/투/	투	투	투
ㅍ+ㅜ	/프/+/우/	/푸/	푸	푸	푸
ㅎ+ㅜ	/흐/+/우/	/후/	후	후	후

자음과 모음 '—'으로 이루어진 글자를 따라 적으면서 크게 발음하여 봅시다. 먼저 써 본 후에 글자를 만들어 보아요. 부록

ㄱ+—	/그/+/으/	/그/	그	그	그
ㄴ+—	/느/+/으/	/느/	느	느	느
ㄷ+—	/드/+/으/	/드/	드	드	드
ㄹ+—	/르/+/으/	/르/	르	르	르
ㅁ+—	/므/+/으/	/므/	므	므	므
ㅂ+—	/브/+/으/	/브/	브	브	브
ㅅ+—	/스/+/으/	/스/	스	스	스
ㅇ+—	/으/+/으/	/으/	으	으	으
ㅈ+—	/즈/+/으/	/즈/	즈	즈	즈
ㅊ+—	/츠/+/으/	/츠/	츠	츠	츠
ㅋ+—	/크/+/으/	/크/	크	크	크
ㅌ+—	/트/+/으/	/트/	트	트	트
ㅍ+—	/프/+/으/	/프/	프	프	프
ㅎ+—	/흐/+/으/	/흐/	흐	흐	흐

자음과 모음 'ㅣ'으로 이루어진 글자를 따라 적으면서 크게 발음하여 봅시다. 먼저 써 본 후에 글자를 만들어 보아요. 부록

ㄱ + ㅣ	/그/+/이/	/기/	기	기	기
ㄴ + ㅣ	/느/+/이/	/니/	니	니	니
ㄷ + ㅣ	/드/+/이/	/디/	디	디	디
ㄹ + ㅣ	/르/+/이/	/리/	리	리	리
ㅁ + ㅣ	/므/+/이/	/미/	미	미	미
ㅂ + ㅣ	/브/+/이/	/비/	비	비	비
ㅅ + ㅣ	/스/+/이/	/시/	시	시	시
ㅇ + ㅣ	/으/+/이/	/이/	이	이	이
ㅈ + ㅣ	/즈/+/이/	/지/	지	지	지
ㅊ + ㅣ	/츠/+/이/	/치/	치	치	치
ㅋ + ㅣ	/크/+/이/	/키/	키	키	키
ㅌ + ㅣ	/트/+/이/	/티/	티	티	티
ㅍ + ㅣ	/프/+/이/	/피/	피	피	피
ㅎ + ㅣ	/흐/+/이/	/히/	히	히	히

아래 글자를 보며 같은 자음을 찾아 모두 동그라미 쳐 봅시다. 찾은 다음 모음을 바꾸어 가며 글자의 변화를 관찰해요. 부록

고	치	가	추	피
루	사	조	리	로
시	수	포	투	버
하	히	호	구	저
느	토	나	로	추
후	피	흐	티	허
다	기	무	도	노
피	파	비	조	후
초	추	시	루	으
토	서	타	키	하
커	후	리	스	코
부	호	버	지	브
즈	주	포	지	티
마	무	미	하	보
오	히	우	이	부

아래 글자를 보며 같은 모음을 찾아 모두 동그라미 쳐 봅시다. 찾은 다음 자음을 바꾸어 가며 글자의 변화를 관찰해요. 부록

고	으	소	루	히
루	호	푸	우	자
시	로	이	푸	타
하	바	주	로	어
느	고	푸	즈	프
후	도	르	리	수
다	쿠	치	보	파
피	타	히	루	조
초	포	시	타	후
토	흐	로	소	파
커	저	스	리	거
부	지	코	모	후
즈	초	사	그	트
마	후	자	하	지
오	보	코	히	므

17차시 ▶ 자음 + 단순모음(ㅏ ㅓ ㅗ ㅜ ㅡ ㅣ) 단어

학습 목표 자음 + 단순모음(ㅏ ㅓ ㅗ ㅜ ㅡ ㅣ)으로 이루어진 단어를 읽고 발음할 수 있다.

아래 글자를 보며 "ㅏ" 소리를 내는 글자에 모두 동그라미 쳐 봅시다. 그리고 빈칸에 적어 보세요.

고	치	가	추	피	
루	사	조	리	로	
시	수	포	투	라	
아	히	호	구	저	
느	토	나	로	추	
후	피	흐	티	바	
다	기	무	도	노	
토	서	타	키	오	

아래 글자를 읽고 단어를 만들 수 있는 글자에 동그라미 치고 단어를 적어 봅시다. 부록

가	(사)	아	바	타	가사
나	아	바	다	라	
바	다	나	라	아	
아	라	가	나	바	

아래 단어를 읽고 자음 소리가 같은 단어를 찾아봅시다. 첫 단어를 만든 후 모음을 바꾸어 가며 단어의 변화를 관찰해 보세요. 부록

아기	우비	오기	조기	하루
부자	보리	자루	바지	버스
가구	고기	소비	구리	사기
조사	지구	소비	주소	도리
지구	조기	기부	자리	고기
나비	기부	노비	오기	머리
무기	타기	파리	우비	모기
머리	주기	허리	머루	노비
무리	마리	바지	자루	피리
기부	모자	머루	가보	하루

아래 단어를 읽고 모음 소리가 같은 단어를 찾아봅시다. 첫 단어를 만든 후 자음을 바꾸어 가며 단어의 변화를 관찰해 보세요. 부록

소리	피리	고기	조기	하루
가지	보리	자루	아기	하키
노루	모두	소비	무지	사기
파도	지구	바지	바보	도리
가구	자두	기부	주소	고기
주사	허무	부자	오기	머리
지구	타기	파리	우비	피구
나비	주기	허리	다리	노비
무기	부리	바지	자루	피리
보기	모자	머루	모기	하루

18차시 ▶ 자음 + 미끌모음(ㅑ ㅕ ㅛ ㅠ)

학습 목표 자음 + 미끌모음(ㅑ ㅕ ㅛ ㅠ)로 이루어진 글자를 읽고 발음할 수 있다.

자음과 모음 'ㅑ'으로 이루어진 글자를 따라 적으면서 크게 발음하여 봅시다. 먼저 써 본 후에 글자를 만들어 볼까요? 부록

ㄱ + ㅑ	/그/+/야/	/갸/	갸	갸	갸
ㄴ + ㅑ	/느/+/야/	/냐/	냐	냐	냐
ㄷ + ㅑ	/드/+/야/	/댜/	댜	댜	댜
ㄹ + ㅑ	/르/+/야/	/랴/	랴	랴	랴
ㅁ + ㅑ	/므/+/야/	/먀/	먀	먀	먀
ㅂ + ㅑ	/브/+/야/	/뱌/	뱌	뱌	뱌
ㅅ + ㅑ	/스/+/야/	/샤/	샤	샤	샤
ㅇ + ㅑ	/으/+/야/	/야/	야	야	야
ㅈ + ㅑ	/즈/+/야/	/쟈/	쟈	쟈	쟈
ㅊ + ㅑ	/츠/+/야/	/챠/	챠	챠	챠
ㅋ + ㅑ	/크/+/야/	/캬/	캬	캬	캬
ㅌ + ㅑ	/트/+/야/	/탸/	탸	탸	탸
ㅍ + ㅑ	/프/+/야/	/퍄/	퍄	퍄	퍄
ㅎ + ㅑ	/흐/+/야/	/햐/	햐	햐	햐

자음과 모음 'ㅕ'으로 이루어진 글자를 따라 적으면서 크게 발음하여 봅시다. 먼저 써 본 후에 글자를 만들어 볼까요? 부록

ㄱ + ㅕ	/그/+/여/	/겨/	겨	겨	겨
ㄴ + ㅕ	/느/+/여/	/녀/	녀	녀	녀
ㄷ + ㅕ	/드/+/여/	/뎌/	뎌	뎌	뎌
ㄹ + ㅕ	/르/+/여/	/려/	려	려	려
ㅁ + ㅕ	/므/+/여/	/며/	며	며	며
ㅂ + ㅕ	/브/+/여/	/벼/	벼	벼	벼
ㅅ + ㅕ	/스/+/여/	/셔/	셔	셔	셔
ㅇ + ㅕ	/으/+/여/	/여/	여	여	여
ㅈ + ㅕ	/즈/+/여/	/져/	져	져	져
ㅊ + ㅕ	/츠/+/여/	/쳐/	쳐	쳐	쳐
ㅋ + ㅕ	/크/+/여/	/켜/	켜	켜	켜
ㅌ + ㅕ	/트/+/여/	/텨/	텨	텨	텨
ㅍ + ㅕ	/프/+/여/	/펴/	펴	펴	펴
ㅎ + ㅕ	/흐/+/여/	/혀/	혀	혀	혀

자음과 모음 'ㅛ'으로 이루어진 글자를 따라 적으면서 크게 발음하여 봅시다. 먼저 써 본 후에 글자를 만들어 볼까요? 부록

ㄱ+ㅛ	/그/+/요/	/교/	교	교	교
ㄴ+ㅛ	/느/+/요/	/뇨/	뇨	뇨	뇨
ㄷ+ㅛ	/드/+/요/	/됴/	됴	됴	됴
ㄹ+ㅛ	/르/+/요/	/료/	료	료	료
ㅁ+ㅛ	/므/+/요/	/묘/	묘	묘	묘
ㅂ+ㅛ	/브/+/요/	/뵤/	뵤	뵤	뵤
ㅅ+ㅛ	/스/+/요/	/쇼/	쇼	쇼	쇼
ㅇ+ㅛ	/으/+/요/	/요/	요	요	요
ㅈ+ㅛ	/즈/+/요/	/죠/	죠	죠	죠
ㅊ+ㅛ	/츠/+/요/	/쵸/	쵸	쵸	쵸
ㅋ+ㅛ	/크/+/요/	/쿄/	쿄	쿄	쿄
ㅌ+ㅛ	/트/+/요/	/툐/	툐	툐	툐
ㅍ+ㅛ	/프/+/요/	/표/	표	표	표
ㅎ+ㅛ	/흐/+/요/	/효/	효	효	효

자음과 모음 'ㅠ'으로 이루어진 글자를 따라 적으면서 크게 발음하여 봅시다. 먼저 써 본 후에 글자를 만들어 볼까요? 부록

ㄱ + ㅠ	/그/+/유/	/규/	규	규	규
ㄴ + ㅠ	/느/+/유/	/뉴/	뉴	뉴	뉴
ㄷ + ㅠ	/드/+/유/	/듀/	듀	듀	듀
ㄹ + ㅠ	/르/+/유/	/류/	류	류	류
ㅁ + ㅠ	/므/+/유/	/뮤/	뮤	뮤	뮤
ㅂ + ㅠ	/브/+/유/	/뷰/	뷰	뷰	뷰
ㅅ + ㅠ	/스/+/유/	/슈/	슈	슈	슈
ㅇ + ㅠ	/으/+/유/	/유/	유	유	유
ㅈ + ㅠ	/즈/+/유/	/쥬/	쥬	쥬	쥬
ㅊ + ㅠ	/츠/+/유/	/츄/	츄	츄	츄
ㅋ + ㅠ	/크/+/유/	/큐/	큐	큐	큐
ㅌ + ㅠ	/트/+/유/	/튜/	튜	튜	튜
ㅍ + ㅠ	/프/+/유/	/퓨/	퓨	퓨	퓨
ㅎ + ㅠ	/흐/+/유/	/휴/	휴	휴	휴

아래 글자를 보며 같은 자음을 찾아 모두 동그라미 쳐 봅시다. 찾은 다음 모음을 바꾸어 가며 글자의 변화를 관찰해요. 부록

갸	뇨	겨	류	요
뇨	댜	냐	챠	려
댜	뮤	뱌	뎌	툐
려	혀	쿄	츄	랴
묘	뮤	샤	요	캬
뷰	벼	캬	료	뮤
쇼	쿄	유	퍄	셔
여	뮤	셔	유	켜
져	츄	쥬	쿄	며
츄	쳐	류	녀	갸
캬	퓨	뎌	큐	랴
튜	유	쇼	켜	툐
펴	표	슈	뎌	혀
햐	야	혀	며	쟈

아래 글자를 보며 같은 모음을 찾아 모두 동그라미 쳐 봅시다. 찾은 다음 자음을 바꾸어 가며 글자의 변화를 관찰해요. 부록

갸	냐	겨	류	요
뇨	댜	냐	챠	료
댜	뮤	뱌	뎌	툐
려	혀	쿄	츄	랴
묘	뮤	샤	요	캬
뷰	벼	캬	료	뮤
쇼	쿄	유	퍄	셔
여	뮤	샤	유	켜
져	츄	쥬	쿄	며
츄	쳐	류	녀	갸
캬	퓨	뎌	큐	랴
튜	유	쇼	켜	툐
펴	표	슈	뎌	혀
햐	야	혀	며	쟈

19차시 ▶ 자음 + 미끌모음(ㅑ ㅕ ㅛ ㅠ) 단어

학습 목표 자음 + 미끌모음(ㅑ ㅕ ㅛ ㅠ)으로 이루어진 단어를 읽고 발음할 수 있다.

자음+'ㅑ'로 이루어진 글자를 찾아 아래의 빈칸에 적어 봅시다.

묘	햐	뷰	쇼	여		

자음+'ㅕ'로 이루어진 글자를 찾아 아래의 빈칸에 적어 봅시다.

녀	댜	류	죠	캬		

자음+'ㅛ'로 이루어진 글자를 찾아 아래의 빈칸에 적어 봅시다.

유	햐	켜	퓨	쵸		

자음+'ㅠ'로 이루어진 글자를 찾아 아래의 빈칸에 적어 봅시다.

겨	댜	슈	랴	벼		

TIP 가로줄에 정답이 한 개씩 있습니다.

아래의 맨 왼쪽 음절로 시작해서 글자를 읽고 단어를 만들 수 있는 글자에 동그라미 치고 단어를 적어 봅시다. 단어를 한 개 이상 만들어도 좋습니다. 부록

야	이	(수)	(호)	뉴	야수, 야호
여	쥬	자	우	캬	,
효	녀	뮤	셔	자	,
휴	시	지	표	쳐	

아래 단어를 읽고 뜻이 담긴 단어를 찾아봅시다. 의미가 없는 단어 말고 뜻이 담긴 단어에만 동그라미 치세요. 찾은 다음 단어를 만들어 보아요. 부록

야챠	야수	효녀	교야	유리
여기	며츄	묘비	겨자	펴규
하교	교휴	휴지	냐묘	교수
요리	갸푸	도쥬	묘지	머쵸
죠시	교주	큐됴	여챠	자유
초코	뷰효	표지	츄냐	유서
샤큐	우유	유뵤	효도	햐도
교류	셔츠	우표	츄주	유지
프혀	뇨모	야구	켜규	쥬스
뉴스	캬버	유먀	하류	두유

20차시 ▶ 쌍자음(ㄲ ㄸ ㅃ ㅆ ㅉ)+단순모음(ㅏ ㅓ ㅗ ㅜ ㅡ ㅣ)글자

학습 목표 쌍자음(ㄲ ㄸ ㅃ ㅆ ㅉ) + 단순모음(ㅏ ㅓ ㅗ ㅜ ㅡ ㅣ)으로 이루어진 글자를 읽고 발음할 수 있다.

쌍자음과 모음 'ㅏ'로 이루어진 글자를 따라 적으면서 크게 발음하여 봅시다. 먼저 써 본 후에 글자를 만들어 보아요. 부록

ㄲ + ㅏ	/끄/+/아/	/까/	까	까	까
ㄸ + ㅏ	/뜨/+/아/	/따/	따	따	따
ㅃ + ㅏ	/쁘/+/아/	/빠/	빠	빠	빠
ㅆ + ㅏ	/쓰/+/아/	/싸/	싸	싸	싸
ㅉ + ㅏ	/쯔/+/아/	/짜/	짜	짜	짜

쌍자음과 모음 'ㅓ'로 이루어진 글자를 따라 적으면서 크게 발음하여 봅시다. 먼저 써 본 후에 글자를 만들어 보아요. 부록

ㄲ + ㅓ	/끄/+/어/	/꺼/	꺼	꺼	꺼
ㄸ + ㅓ	/뜨/+/어/	/떠/	떠	떠	떠
ㅃ + ㅓ	/쁘/+/어/	/뻐/	뻐	뻐	뻐
ㅆ + ㅓ	/쓰/+/어/	/써/	써	써	써
ㅉ + ㅓ	/쯔/+/어/	/쩌/	쩌	쩌	쩌

쌍자음과 모음 'ㅗ'로 이루어진 글자를 따라 적으면서 크게 발음하여 봅시다. 먼저 써 본 후에 글자를 만들어 보아요. 부록

ㄲ + ㅗ	/끄/+/오/	/꼬/	꼬	꼬	꼬
ㄸ + ㅗ	/뜨/+/오/	/또/	또	또	또
ㅃ + ㅗ	/쁘/+/오/	/뽀/	뽀	뽀	뽀
ㅆ + ㅗ	/쓰/+/오/	/쏘/	쏘	쏘	쏘
ㅉ + ㅗ	/쯔/+/오/	/쪼/	쪼	쪼	쪼

쌍자음과 모음 'ㅜ'로 이루어진 글자를 따라 적으면서 크게 발음하여 봅시다. 먼저 써 본 후에 글자를 만들어 보아요. 부록

ㄲ + ㅜ	/끄/+/우/	/꾸/	꾸	꾸	꾸
ㄸ + ㅜ	/뜨/+/우/	/뚜/	뚜	뚜	뚜
ㅃ + ㅜ	/쁘/+/우/	/뿌/	뿌	뿌	뿌
ㅆ + ㅜ	/쓰/+/우/	/쑤/	쑤	쑤	쑤
ㅉ + ㅜ	/쯔/+/우/	/쭈/	쭈	쭈	쭈

쌍자음과 모음 'ㅡ'로 이루어진 글자를 따라 적으면서 크게 발음하여 봅시다. 먼저 써 본 후에 글자를 만들어 보아요. 부록

ㄲ + ㅡ	/끄/+/으/	/끄/	끄	끄	끄
ㄸ + ㅡ	/뜨/+/으/	/뜨/	뜨	뜨	뜨
ㅃ + ㅡ	/쁘/+/으/	/쁘/	쁘	쁘	쁘
ㅆ + ㅡ	/쓰/+/으/	/쓰/	쓰	쓰	쓰
ㅉ + ㅡ	/쯔/+/으/	/쯔/	쯔	쯔	쯔

쌍자음과 모음 'ㅣ'로 이루어진 글자를 따라 적으면서 크게 발음하여 봅시다. 먼저 써 본 후에 글자를 만들어 보아요. 부록

ㄲ + ㅣ	/끄/+/이/	/끼/	끼	끼	끼
ㄸ + ㅣ	/뜨/+/이/	/띠/	띠	띠	띠
ㅃ + ㅣ	/쁘/+/이/	/삐/	삐	삐	삐
ㅆ + ㅣ	/쓰/+/이/	/씨/	씨	씨	씨
ㅉ + ㅣ	/쯔/+/이/	/찌/	찌	찌	찌

아래 글자를 보며 같은 자음을 찾아 모두 동그라미 쳐 봅시다. 찾은 다음 모음을 바꾸어 가며 글자의 변화를 관찰해요. 부록

까	꼬	빠	또	뻐
떠	꾸	뚜	써	싸
뽀	뜨	쭈	쁘	쪼
쑤	찌	꼬	꾸	씨
쯔	싸	뜨	짜	띠
끼	삐	꺼	쩌	쁘
따	또	싸	뽀	써
뻐	꾸	뿌	쩌	짜
쏘	뜨	꾸	쓰	꼬
쭈	씨	또	뚜	찌
끄	짜	쁘	까	삐
띠	씨	떠	꺼	쓰
빠	뽀	짜	또	쩌

21차시 ▶ 쌍자음(ㄲㄸㅃㅆㅉ)+단순모음(ㅏㅓㅗㅜㅡㅣ)단어

학습 목표 쌍자음(ㄲㄸㅃㅆㅉ) + 단순모음(ㅏㅓㅗㅜㅡㅣ)으로 이루어진 단어를 읽고 발음할 수 있다.

쌍자음과 모음 'ㅏ'로 이루어진 글자를 찾아 아래의 빈칸에 적어 봅시다.

씨	쯔	뚜	뽀	까
싸	찌	뜨	뿌	꼬

쌍자음과 모음 'ㅓ'로 이루어진 글자를 찾아 아래의 빈칸에 적어 봅시다.

쁘	띠	써	꼬	짜
삐	떠	쏘	까	쯔

쌍자음과 모음 'ㅗ'로 이루어진 글자를 찾아 아래의 빈칸에 적어 봅시다.

쓰	뿌	끼	짜	또
싸	뽀	끄	쭈	띠

쌍자음과 모음 'ㅜ'로 이루어진 글자를 찾아 아래의 빈칸에 적어 봅시다.

씨	따	쁘	쭈	꺼
써	띠	빠	쯔	꾸

쌍자음과 모음 'ㅡ'로 이루어진 글자를 찾아 아래의 빈칸에 적어 봅시다.

떠	쁘	싸	찌	꼬
띠	뽀	써	쯔	까

쌍자음과 모음 'ㅣ'로 이루어진 글자를 찾아 아래의 빈칸에 적어 봅시다.

끼	쪼	싸	뿌	뜨
꾸	쯔	씨	뽀	따

아래 글자를 읽고 단어를 만들 수 있는 글자에 동그라미 치고 단어를 적어 봅시다. 단어를 한 개 이상 만들어도 좋습니다. 부록

오	끄	떠	빠	찌
아	또	빠	쑤	까
이	뿌	끼	따	쏘

오빠
,
,

꾸	까	꼬	끼	치
짜	또	꺼	쓰	다
꼬	씨	뿌	쯔	리

까치,
,
,

아래 단어를 읽고 뜻이 담겨 있는 단어를 찾아봅시다. 의미가 없는 단어 말고 뜻이 담겨 있는 단어에만 동그라미 치세요.

까다	뜨다	쓰마	꺼치	아까
따다	끼주	오빠	이꺼	뜨주
따사	따나	삐다	이끼	끄어
쓰아	따치	꼬로	이까	쭈치
마빠	쓰다	쓰나	끄주	쪼치
아빠	쯔나	이따	끼다	싸나
이빠	쏘로	이짜	쏘다	꼬치
치따	누쯔	뚜리	쪼마	띠아
찌다	뿌리	끼아	또마	짜다
꼬다	뜨어	삐리	꼬리	짜라
우빠	우따	꼬마	쑤어	싸다
꼬도	노쪼	또마	쁘리	쁘다
꼬노	까치	뿌어	끼치	끄다

22차시 ▶ 자음 + 이중모음(ㅐ ㅔ ㅒ ㅖ) 글자

학습 목표 자음 + 이중모음(ㅐ ㅔ ㅒ ㅖ)으로 이루어진 글자를 읽고 발음할 수 있다.

자음과 모음 'ㅐ'로 이루어진 글자를 따라 적으면서 크게 발음하여 봅시다. 먼저 써 본 후에 글자를 만들어 볼까요? 부록

ㄱ + ㅐ	/그/+/애/	/개/	개	개	개
ㄴ + ㅐ	/느/+/애/	/내/	내	내	내
ㄷ + ㅐ	/드/+/애/	/대/	대	대	대
ㄹ + ㅐ	/르/+/애/	/래/	래	래	래
ㅁ + ㅐ	/므/+/애/	/매/	매	매	매
ㅂ + ㅐ	/브/+/애/	/배/	배	배	배
ㅅ + ㅐ	/스/+/애/	/새/	새	새	새
ㅇ + ㅐ	/으/+/애/	/애/	애	애	애
ㅈ + ㅐ	/즈/+/애/	/재/	재	재	재
ㅊ + ㅐ	/츠/+/애/	/채/	채	채	채
ㅋ + ㅐ	/크/+/애/	/캐/	캐	캐	캐
ㅌ + ㅐ	/트/+/애/	/태/	태	태	태
ㅍ + ㅐ	/프/+/애/	/패/	패	패	패
ㅎ + ㅐ	/흐/+/애/	/해/	해	해	해

자음과 모음 'ㅔ'으로 이루어진 글자를 따라 적으면서 크게 발음하여 봅시다. 먼저 써 본 후에 글자를 만들어 볼까요? 부록

ㄱ + ㅔ	/그/+/에/	/게/	게	게	게
ㄴ + ㅔ	/느/+/에/	/네/	네	네	네
ㄷ + ㅔ	/드/+/에/	/데/	데	데	데
ㄹ + ㅔ	/르/+/에/	/레/	레	레	레
ㅁ + ㅔ	/므/+/에/	/메/	메	메	메
ㅂ + ㅔ	/브/+/에/	/베/	베	베	베
ㅅ + ㅔ	/스/+/에/	/세/	세	세	세
ㅇ + ㅔ	/으/+/에/	/에/	에	에	에
ㅈ + ㅔ	/즈/+/에/	/제/	제	제	제
ㅊ + ㅔ	/츠/+/에/	/체/	체	체	체
ㅋ + ㅔ	/크/+/에/	/케/	케	케	케
ㅌ + ㅔ	/트/+/에/	/테/	테	테	테
ㅍ + ㅔ	/프/+/에/	/페/	페	페	페
ㅎ + ㅔ	/흐/+/에/	/헤/	헤	헤	헤

자음과 모음 'ㅐ'으로 이루어진 글자를 따라 적으면서 크게 발음하여 봅시다. 먼저 써 본 후에 글자를 만들어 볼까요? 부록

ㄱ + ㅐ	/그/+/애/	/개/	개	개	개
ㄴ + ㅐ	/느/+/애/	/내/	내	내	내
ㄷ + ㅐ	/드/+/애/	/대/	대	대	대
ㄹ + ㅐ	/르/+/애/	/래/	래	래	래
ㅁ + ㅐ	/므/+/애/	/매/	매	매	매
ㅂ + ㅐ	/브/+/애/	/배/	배	배	배
ㅅ + ㅐ	/스/+/애/	/새/	새	새	새
ㅇ + ㅐ	/으/+/애/	/애/	애	애	애
ㅈ + ㅐ	/즈/+/애/	/재/	재	재	재
ㅊ + ㅐ	/츠/+/애/	/채/	채	채	채
ㅋ + ㅐ	/크/+/애/	/캐/	캐	캐	캐
ㅌ + ㅐ	/트/+/애/	/태/	태	태	태
ㅍ + ㅐ	/프/+/애/	/패/	패	패	패
ㅎ + ㅐ	/흐/+/애/	/해/	해	해	해

자음과 모음 'ㅖ'으로 이루어진 글자를 따라 적으면서 크게 발음하여 봅시다. 먼저 써 본 후에 글자를 만들어 볼까요? 부록

ㄱ + ㅖ	/그/+/예/	/계/	계	계	계
ㄴ + ㅖ	/느/+/예/	/녜/	녜	녜	녜
ㄷ + ㅖ	/드/+/예/	/뎨/	뎨	뎨	뎨
ㄹ + ㅖ	/르/+/예/	/례/	례	례	례
ㅁ + ㅖ	/므/+/예/	/몌/	몌	몌	몌
ㅂ + ㅖ	/브/+/예/	/볘/	볘	볘	볘
ㅅ + ㅖ	/스/+/예/	/셰/	셰	셰	셰
ㅇ + ㅖ	/으/+/예/	/예/	예	예	예
ㅈ + ㅖ	/즈/+/예/	/졔/	졔	졔	졔
ㅊ + ㅖ	/츠/+/예/	/쳬/	쳬	쳬	쳬
ㅋ + ㅖ	/크/+/예/	/켸/	켸	켸	켸
ㅌ + ㅖ	/트/+/예/	/톄/	톄	톄	톄
ㅍ + ㅖ	/프/+/예/	/폐/	폐	폐	폐
ㅎ + ㅖ	/흐/+/예/	/혜/	혜	혜	혜

아래 글자를 보며 같은 자음을 찾아 모두 동그라미 쳐 봅시다. 찾은 다음 모음을 바꾸어 가며 글자의 변화를 관찰해요. 부록

개	애	거	노	수
얘	다	어	네	섀
새	아	대	서	얘
해	후	더	하	레
내	다	래	누	아
패	배	파	티	투
예	다	해	우	러
제	차	저	어	주
배	매	아	부	너
대	저	타	도	그
쎄	하	페	써	구
케	으	코	캐	얘
채	저	캐	치	저
매	무	매	해	보
걔	기	어	얘	커

아래 글자를 보며 같은 모음을 찾아 모두 동그라미 쳐 봅시다. 찾은 다음 자음을 바꾸어 가며 글자의 변화를 관찰해요. 부록

애	너	아	새	우
개	거	나	래	도
째	대	오	쪼	캐
예	초	계	오	두
내	나	대	서	두
래	더	루	재	사
해	더	후	째	비
패	터	히	래	투
채	저	커	투	패
애	어	하	래	나
대	터	패	다	너
개	파	키	애	호
쌔	아	서	내	우
캐	바	어	해	대
패	애	빠	너	두

23차시 ▶ 자음 + 이중모음(ㅐ ㅔ ㅒ ㅖ) 단어

학습 목표 자음 + 이중모음(ㅐ ㅔ ㅒ ㅖ)으로 이루어진 단어를 읽고 발음할 수 있다.

자음+'ㅐ'로 이루어진 글자를 찾아 아래의 빈칸에 적어 봅시다.

아	나	더	개	부
쭈	애	카	바	기
로	으	다	패	더
내	기	버	도	하
두	누	로	기	태
쌔	포	더	아	자
하	개	서	코	구
자	호	래	얘	니

아래 글자를 읽고 단어를 만들 수 있는 글자에 동그라미 치고 단어를 적어 봅시다. 부록

애	서	기	주	보	애기
배	저	러	사	우	
재	여	라	주	서	
태	도	느	리	바	

아래 단어를 읽고 자음 소리가 같은 단어를 찾아봅시다. 첫 단어를 만든 후 모음을 바꾸어 가며 단어의 변화를 관찰해 보세요. 부록

제보	매미	제비	주사	보기
기예	자리	기소	고아	서예
내부	너비	서사	나사	주부
애기	서기	저수	계기	오기
이제	오이	기저	어제	구제
제비	주보	이수	수시	대리
패기	비수	포기	이수	포부
매미	무모	머리	머루	기미
제사	주사	수지	개미	추가
대우	도수	대구	새우	두유
세수	시소	시구	이수	조수
채소	다시	제소	추수	초기
개미	가마	고사	매미	자매
계기	거사	가구	개사	수기
서예	서시	수지	어제	소유
대리	도루	서리	오리	대지

아래 단어를 읽고 모음 소리가 같은 단어를 찾아봅시다. 첫 단어를 만든 후 자음을 바꾸어 가며 단어의 변화를 관찰해 보세요. 부록

채소	매미	태도	주사	보기
메주	자리	기소	고아	세수
대리	오이	기저	어제	재미
애기	주보	아기	수시	개미
매미	무모	대리	머루	기미
제사	주사	세다	개미	추가
대구	도수	기후	새우	다이
제보	매미	주사	이수	네모
기예	시소	제소	지혜	초기
자매	가마	고사	매미	가래
계기	거사	예시	개사	수기
새우	대우	수지	어제	소유
대리	도루	서리	오리	대지

24차시 ▶ 자음 + 이중모음(ㅘ ㅚ ㅙ ㅝ ㅟ ㅞ ㅢ) 글자

학습 목표 자음 + 이중모음(ㅘ ㅚ ㅙ ㅝ ㅟ ㅞ ㅢ)으로 이루어진 글자를 읽고 발음할 수 있다.

자음과 모음 'ㅘ'로 이루어진 글자를 따라 적으면서 크게 발음하여 봅시다. 먼저 써 본 후에 글자를 만들어 볼까요? 부록

ㄱ+ㅘ	/그/+/와/	/과/	과	과	과
ㄴ+ㅘ	/느/+/와/	/놔/	놔	놔	놔
ㄷ+ㅘ	/드/+/와/	/돠/	돠	돠	돠
ㄹ+ㅘ	/르/+/와/	/롸/	롸	롸	롸
ㅁ+ㅘ	/므/+/와/	/뫄/	뫄	뫄	뫄
ㅂ+ㅘ	/브/+/와/	/봐/	봐	봐	봐
ㅅ+ㅘ	/스/+/와/	/솨/	솨	솨	솨
ㅇ+ㅘ	/으/+/와/	/와/	와	와	와
ㅈ+ㅘ	/즈/+/와/	/좌/	좌	좌	좌
ㅊ+ㅘ	/츠/+/와/	/촤/	촤	촤	촤
ㅋ+ㅘ	/크/+/와/	/콰/	콰	콰	콰
ㅌ+ㅘ	/트/+/와/	/톼/	톼	톼	톼
ㅍ+ㅘ	/프/+/와/	/퐈/	퐈	퐈	퐈
ㅎ+ㅘ	/흐/+/와/	/화/	화	화	화

자음과 모음 'ㅚ'으로 이루어진 글자를 따라 적으면서 크게 발음하여 봅시다. 먼저 써 본 후에 글자를 만들어 볼까요? 부록

ㄱ+ㅚ	/그/+/외/	/괴/	괴	괴	괴
ㄴ+ㅚ	/느/+/외/	/뇌/	뇌	뇌	뇌
ㄷ+ㅚ	/드/+/외/	/되/	되	되	되
ㄹ+ㅚ	/르/+/외/	/뢰/	뢰	뢰	뢰
ㅁ+ㅚ	/므/+/외/	/뫼/	뫼	뫼	뫼
ㅂ+ㅚ	/브/+/외/	/뵈/	뵈	뵈	뵈
ㅅ+ㅚ	/스/+/외/	/쇠/	쇠	쇠	쇠
ㅇ+ㅚ	/으/+/외/	/외/	외	외	외
ㅈ+ㅚ	/즈/+/외/	/죄/	죄	죄	죄
ㅊ+ㅚ	/츠/+/외/	/최/	최	최	최
ㅋ+ㅚ	/크/+/외/	/쾨/	쾨	쾨	쾨
ㅌ+ㅚ	/트/+/외/	/퇴/	퇴	퇴	퇴
ㅍ+ㅚ	/프/+/외/	/푀/	푀	푀	푀
ㅎ+ㅚ	/흐/+/외/	/회/	회	회	회

자음과 모음 'ㅙ'으로 이루어진 글자를 따라 적으면서 크게 발음하여 봅시다. 먼저 써 본 후에 글자를 만들어 볼까요? 부록

ㄱ+ㅙ	/그/+/왜/	/괘/	괘	괘	괘
ㄴ+ㅙ	/느/+/왜/	/놰/	놰	놰	놰
ㄷ+ㅙ	/드/+/왜/	/돼/	돼	돼	돼
ㄹ+ㅙ	/르/+/왜/	/뢔/	뢔	뢔	뢔
ㅁ+ㅙ	/므/+/왜/	/뫠/	뫠	뫠	뫠
ㅂ+ㅙ	/브/+/왜/	/봬/	봬	봬	봬
ㅅ+ㅙ	/스/+/왜/	/쇄/	쇄	쇄	쇄
ㅇ+ㅙ	/으/+/왜/	/왜/	왜	왜	왜
ㅈ+ㅙ	/즈/+/왜/	/좨/	좨	좨	좨
ㅊ+ㅙ	/츠/+/왜/	/쵀/	쵀	쵀	쵀
ㅋ+ㅙ	/크/+/왜/	/쾌/	쾌	쾌	쾌
ㅌ+ㅙ	/트/+/왜/	/퇘/	퇘	퇘	퇘
ㅍ+ㅙ	/프/+/왜/	/퐤/	퐤	퐤	퐤
ㅎ+ㅙ	/흐/+/왜/	/홰/	홰	홰	홰

자음과 모음 'ㅝ'으로 이루어진 글자를 따라 적으면서 크게 발음하여 봅시다. 먼저 써 본 후에 글자를 만들어 볼까요? 부록

ㄱ+ㅝ	/그/+/워/	/궈/	궈	궈	궈
ㄴ+ㅝ	/느/+/워/	/눠/	눠	눠	눠
ㄷ+ㅝ	/드/+/워/	/둬/	둬	둬	둬
ㄹ+ㅝ	/르/+/워/	/뤄/	뤄	뤄	뤄
ㅁ+ㅝ	/므/+/워/	/뭐/	뭐	뭐	뭐
ㅂ+ㅝ	/브/+/워/	/붜/	붜	붜	붜
ㅅ+ㅝ	/스/+/워/	/숴/	숴	숴	숴
ㅇ+ㅝ	/으/+/워/	/워/	워	워	워
ㅈ+ㅝ	/즈/+/워/	/줘/	줘	줘	줘
ㅊ+ㅝ	/츠/+/워/	/춰/	춰	춰	춰
ㅋ+ㅝ	/크/+/워/	/쿼/	쿼	쿼	쿼
ㅌ+ㅝ	/트/+/워/	/퉈/	퉈	퉈	퉈
ㅍ+ㅝ	/프/+/워/	/풔/	풔	풔	풔
ㅎ+ㅝ	/흐/+/워/	/훠/	훠	훠	훠

자음과 모음 'ㅟ'으로 이루어진 글자를 따라 적으면서 크게 발음하여 봅시다. 먼저 써 본 후에 글자를 만들어 볼까요? 부록

ㄱ+ㅜㅣ	/그/+/위/	/귀/	귀	귀	귀
ㄴ+ㅜㅣ	/느/+/위/	/뉘/	뉘	뉘	뉘
ㄷ+ㅜㅣ	/드/+/위/	/뒤/	뒤	뒤	뒤
ㄹ+ㅜㅣ	/르/+/위/	/뤼/	뤼	뤼	뤼
ㅁ+ㅜㅣ	/므/+/위/	/뮈/	뮈	뮈	뮈
ㅂ+ㅜㅣ	/브/+/위/	/뷔/	뷔	뷔	뷔
ㅅ+ㅜㅣ	/스/+/위/	/쉬/	쉬	쉬	쉬
ㅇ+ㅜㅣ	/으/+/위/	/위/	위	위	위
ㅈ+ㅜㅣ	/즈/+/위/	/쥐/	쥐	쥐	쥐
ㅊ+ㅜㅣ	/츠/+/위/	/취/	취	취	취
ㅋ+ㅜㅣ	/크/+/위/	/퀴/	퀴	퀴	퀴
ㅌ+ㅜㅣ	/트/+/위/	/튀/	튀	튀	튀
ㅍ+ㅜㅣ	/프/+/위/	/퓌/	퓌	퓌	퓌
ㅎ+ㅜㅣ	/흐/+/위/	/휘/	휘	휘	휘

자음과 모음 'ㅞ'으로 이루어진 글자를 따라 적으면서 크게 발음하여 봅시다. 먼저 써 본 후에 글자를 만들어 볼까요? 부록

ㄱ+ㅞ	/그/+/웨/	/궤/	궤	궤	궤
ㄴ+ㅞ	/느/+/웨/	/눼/	눼	눼	눼
ㄷ+ㅞ	/드/+/웨/	/뒈/	뒈	뒈	뒈
ㄹ+ㅞ	/르/+/웨/	/뤠/	뤠	뤠	뤠
ㅁ+ㅞ	/므/+/웨/	/뭬/	뭬	뭬	뭬
ㅂ+ㅞ	/브/+/웨/	/붸/	붸	붸	붸
ㅅ+ㅞ	/스/+/웨/	/쉐/	쉐	쉐	쉐
ㅇ+ㅞ	/으/+/웨/	/웨/	웨	웨	웨
ㅈ+ㅞ	/즈/+/웨/	/줴/	줴	줴	줴
ㅊ+ㅞ	/츠/+/웨/	/췌/	췌	췌	췌
ㅋ+ㅞ	/크/+/웨/	/퀘/	퀘	퀘	퀘
ㅌ+ㅞ	/트/+/웨/	/퉤/	퉤	퉤	퉤
ㅍ+ㅞ	/프/+/웨/	/풰/	풰	풰	풰
ㅎ+ㅞ	/흐/+/웨/	/훼/	훼	훼	훼

자음과 모음 'ㅢ'으로 이루어진 글자를 따라 적으면서 크게 발음하여 봅시다. 먼저 써 본 후에 글자를 만들어 볼까요? 부록

ㄱ+ㅢ	/그/+/의/	/긔/	긔	긔	긔
ㄴ+ㅢ	/느/+/의/	/늬/	늬	늬	늬
ㄷ+ㅢ	/드/+/의/	/듸/	듸	듸	듸
ㄹ+ㅢ	/르/+/의/	/릐/	릐	릐	릐
ㅁ+ㅢ	/므/+/의/	/믜/	믜	믜	믜
ㅂ+ㅢ	/브/+/의/	/븨/	븨	븨	븨
ㅅ+ㅢ	/스/+/의/	/싀/	싀	싀	싀
ㅇ+ㅢ	/으/+/의/	/의/	의	의	의
ㅈ+ㅢ	/즈/+/의/	/즤/	즤	즤	즤
ㅊ+ㅢ	/츠/+/의/	/츼/	츼	츼	츼
ㅋ+ㅢ	/크/+/의/	/킈/	킈	킈	킈
ㅌ+ㅢ	/트/+/의/	/틔/	틔	틔	틔
ㅍ+ㅢ	/프/+/의/	/픠/	픠	픠	픠
ㅎ+ㅢ	/흐/+/의/	/희/	희	희	희

아래 글자를 읽고 같은 자음을 찾아 모두 동그라미 쳐 봅시다. 찾은 다음 모음을 바꾸어 가며 글자의 변화를 관찰해요. 부록

과	개	솨	나	바
뢰	뤼	채	괴	튜
쇄	유	돼	배	새
훠	애	로	눠	화
늬	리	나	야	교
훼	웨	재	돼	휴
듸	교	대	킈	예
퐈	솨	촤	쿼	표
최	둬	취	해	회
퇘	세	타	쵀	돼
쿼	누	쿄	터	해
뷔	뱌	구	듀	미
줴	새	버	죄	둬
믜	부	트	뭬	희
와	라	콰	돠	워

아래 글자를 읽고 같은 모음을 찾아 모두 동그라미 쳐 봅시다. 찾은 다음 자음을 바꾸어 가며 글자의 변화를 관찰해요. 부록

와	왜	놔	뤼	뫼
꾀	개	되	뵈	퀴
좨	마	왜	뤄	새
워	눠	보	웨	괴
뉘	뷔	파	뤼	휴
뤠	뉘	롸	과	쉐
희	흐	야	리	믜
퐈	캐	솨	퍄	무
최	되	롸	듀	묘
왜	튜	돼	미	괘
둬	궈	퍼	토	숴
귀	이	휴	즈	뒤
궤	타	패	훼	쉬
씌	대	띄	대	푸
콰	화	뤼	의	치

25차시 ▶ 자음 + 이중모음(ㅘ ㅚ ㅙ ㅝ ㅟ ㅞ ㅢ) 단어

학습 목표 자음 + 이중모음(ㅘ ㅚ ㅙ ㅝ ㅟ ㅞ ㅢ)으로 이루어진 단어를 읽고 발음할 수 있다.

자음+'ㅘ'로 이루어진 글자를 찾아 아래의 빈칸에 적어 봅시다. 쓰면서 큰 소리로 읽어 보아요.

괴	채	과	쥐	픠
뢰	솨	줘	귀	믜

자음+'ㅚ'로 이루어진 글자를 찾아 아래의 빈칸에 적어 봅시다.

쉐	뫠	푀	틔	롸
와	회	즤	궤	뢔

자음+'ㅙ'로 이루어진 글자를 찾아 아래의 빈칸에 적어 봅시다.

놰	퇴	놔	뤼	춰
회	퐤	휘	퉤	봐

자음+'ㅝ'로 이루어진 글자를 찾아 아래의 빈칸에 적어 봅시다.

돠	괘	뭐	퉤	늬
퇘	쇠	좌	쿼	의

TIP 가로줄에 정답이 한 개씩 있습니다.

자음+'ㅟ'로 이루어진 글자를 찾아 아래의 빈칸에 적어 봅시다.

돠	괘	뮈	뒈	늬
퇘	쇠	좌	퀘	위

자음+'ㅞ'로 이루어진 글자를 찾아 아래의 빈칸에 적어 봅시다.

쥐	퇘	쉬	붸	릐
븨	회	귀	봬	줴

자음+'ㅢ'로 이루어진 글자를 찾아 아래의 빈칸에 적어 봅시다.

희	궤	뇌	쇄	뤼
풰	최	틔	돼	좌

아래 글자를 읽고 단어를 만들 수 있는 글자에 동그라미 치고 단어를 적어 봅시다. 부록

의	뫄	위	둬	지
죄	최	루	바	고
돼	두	와	쉐	지
츼	퉤	죄	워	수
궈	놔	쉐	의	사
쉬	릐	와	화	가

의지

아래 단어를 읽고 뜻이 담긴 단어를 찾아봅시다. 의미가 없는 단어 말고 뜻이 담긴 단어에만 동그라미 치세요.

좌우	뒤고	왜가리	뒤추	의고
돠우	루와	웨거	의사	주되
화가	쥐포	다춰	뢰비	도추
와웨	의쉬	왜우	회비	토뒤
뷔우	위기	돼마	거뤼	쥐모
키웨	희위	과제	뵈위	누귀
회의	뇌외	의쇄	춰외	뷔페
토위	콰우	고믜	희귀	회우
촤고	최고	퇘와	쇠오	뤠고
의지	마와	아좨	죄수	조귀
니쉐	나뵈	키위	아쉐	모귀
마외	숴이	루눼	키회	의미

26차시 ▶ 쌍자음+이중모음(ㅐ ㅔ ㅘ ㅝ ㅟ ㅢ ㅚ ㅙ ㅞ) 글자

학습 목표 쌍자음 + 이중모음(ㅐ ㅔ ㅘ ㅝ ㅟ ㅢ ㅚ ㅙ ㅞ)으로 이루어진 글자를 읽고 발음할 수 있다.

쌍자음과 모음 'ㅐ'로 이루어진 글자를 따라 적으면서 크게 발음하여 봅시다. 먼저 써 본 후에 글자를 만들어 볼까요? 부록

ㄲ + ㅐ	/끄/+/애/	/깨/	깨	깨	깨
ㄸ + ㅐ	/뜨/+/애/	/때/	때	때	때
ㅆ + ㅐ	/쓰/+/애/	/쌔/	쌔	쌔	쌔
ㅉ + ㅐ	/쯔/+/애/	/째/	째	째	째
ㅃ + ㅐ	/쁘/+/애/	/빼/	빼	빼	빼

쌍자음과 모음 'ㅔ'로 이루어진 글자를 따라 적으면서 크게 발음하여 봅시다. 먼저 써 본 후에 글자를 만들어 볼까요? 부록

ㄲ + ㅔ	/끄/+/에/	/께/	께	께	께
ㄸ + ㅔ	/뜨/+/에/	/떼/	떼	떼	떼
ㅆ + ㅔ	/쓰/+/에/	/쎄/	쎄	쎄	쎄
ㅉ + ㅔ	/쯔/+/에/	/쩨/	쩨	쩨	쩨
ㅃ + ㅔ	/쁘/+/에/	/뻬/	뻬	뻬	뻬

쌍자음과 모음 'ㅘ'로 이루어진 글자를 따라 적으면서 크게 발음하여 봅시다. 먼저 써 본 후에 글자를 만들어 볼까요? 부록

ㄲ + ㅘ	/끄/+/와/	/꽈/	꽈	꽈	꽈
ㄸ + ㅘ	/뜨/+/와/	/똬/	똬	똬	똬
ㅆ + ㅘ	/쓰/+/와/	/쏴/	쏴	쏴	쏴
ㅉ + ㅘ	/쯔/+/와/	/쫘/	쫘	쫘	쫘
ㅃ + ㅘ	/쁘/+/와/	/뽜/	뽜	뽜	뽜

쌍자음과 모음 'ㅝ'로 이루어진 글자를 따라 적으면서 크게 발음하여 봅시다. 먼저 써 본 후에 글자를 만들어 볼까요? 부록

ㄲ + ㅝ	/끄/+/워/	/꿔/	꿔	꿔	꿔
ㄸ + ㅝ	/뜨/+/워/	/뚸/	뚸	뚸	뚸
ㅆ + ㅝ	/쓰/+/워/	/쒀/	쒀	쒀	쒀
ㅉ + ㅝ	/쯔/+/워/	/쭤/	쭤	쭤	쭤
ㅃ + ㅝ	/쁘/+/워/	/뿨/	뿨	뿨	뿨

쌍자음과 모음 'ㅟ'로 이루어진 글자를 따라 적으면서 크게 발음하여 봅시다. 먼저 써 본 후에 글자를 만들어 볼까요? 부록

ㄲ + ㅜㅣ	/끄/+/위/	/뀌/	뀌	뀌	뀌
ㄸ + ㅜㅣ	/뜨/+/위/	/뛰/	뛰	뛰	뛰
ㅆ + ㅜㅣ	/쓰/+/위/	/쒸/	쒸	쒸	쒸
ㅉ + ㅜㅣ	/쯔/+/위/	/쮜/	쮜	쮜	쮜
ㅃ + ㅜㅣ	/쁘/+/위/	/쀠/	쀠	쀠	쀠

쌍자음과 모음 'ㅢ'로 이루어진 글자를 따라 적으면서 크게 발음하여 봅시다. 먼저 써 본 후에 글자를 만들어 볼까요? 부록

ㄲ + ㅡㅣ	/끄/+/이/	/끠/	끠	끠	끠
ㄸ + ㅡㅣ	/뜨/+/이/	/띄/	띄	띄	띄
ㅆ + ㅡㅣ	/쓰/+/이/	/씌/	씌	씌	씌
ㅉ + ㅡㅣ	/쯔/+/이/	/쯰/	쯰	쯰	쯰
ㅃ + ㅡㅣ	/쁘/+/이/	/쁴/	쁴	쁴	쁴

쌍자음과 모음 'ㅚ'로 이루어진 글자를 따라 적으면서 크게 발음하여 봅시다. 먼저 써 본 후에 글자를 만들어 볼까요? 부록

ㄲ + ㅚ	/끄/+/외/	/꾀/	꾀	꾀	꾀
ㄸ + ㅚ	/뜨/+/외/	/뙤/	뙤	뙤	뙤
ㅆ + ㅚ	/쓰/+/외/	/쐬/	쐬	쐬	쐬
ㅉ + ㅚ	/쯔/+/외/	/쬐/	쬐	쬐	쬐
ㅃ + ㅚ	/쁘/+/외/	/뾔/	뾔	뾔	뾔

쌍자음과 모음 'ㅙ'로 이루어진 글자를 따라 적으면서 크게 발음하여 봅시다. 먼저 써 본 후에 글자를 만들어 볼까요? 부록

ㄲ + ㅙ	/끄/+/왜/	/꽤/	꽤	꽤	꽤
ㄸ + ㅙ	/뜨/+/왜/	/뙈/	뙈	뙈	뙈
ㅆ + ㅙ	/쓰/+/왜/	/쐐/	쐐	쐐	쐐
ㅉ + ㅙ	/쯔/+/왜/	/쫴/	쫴	쫴	쫴
ㅃ + ㅙ	/쁘/+/왜/	/뽸/	뽸	뽸	뽸

쌍자음과 모음 'ㅞ'로 이루어진 글자를 따라 적으면서 크게 발음하여 봅시다. 먼저 써 본 후에 글자를 만들어 볼까요? 부록

ㄲ + ㅞ	/끄/+/웨/	/꿰/	꿰	꿰	꿰
ㄸ + ㅞ	/뜨/+/웨/	/뛔/	뛔	뛔	뛔
ㅆ + ㅞ	/쓰/+/웨/	/쒜/	쒜	쒜	쒜
ㅉ + ㅞ	/쯔/+/웨/	/쮀/	쮀	쮀	쮀
ㅃ + ㅞ	/쁘/+/웨/	/쀄/	쀄	쀄	쀄

아래 글자를 보며 같은 자음을 찾아 모두 동그라미 쳐 봅시다. 찾은 다음 모음을 바꾸어 가며 글자의 변화를 관찰해요. 부록

꽈	또	싸	까	뿌
떼	뚜	쩨	뼈	깨
쎄	꼬	써	띠	뽀
째	짜	꾸	때	쁘
빼	꾸	또	씨	뺘
꿔	껴	따	씌	쀼
쒀	뿌	뀌	째	쌔
쬐	떼	뻐	쪄	써
쮀	찌	삐	띠	쑤
뾔	짜	빠	뀌	뚜
뙈	쐐	빼	또	쭈
꽤	꾸	뿌	찌	쏘
쐬	뙈	쎄	쬐	뽀
뛰	찌	쭈	뀌	또
띄	씌	빼	때	찌

아래 글자를 보며 같은 모음을 찾아 모두 동그라미 쳐 봅시다. 찾은 다음 자음을 바꾸어 가며 글자의 변화를 관찰해요. 부록

깨	대	베	쉬	취
떼	뮈	에	뵈	캐
쐬	뀌	최	왜	틔
쫘	쥬	퇴	과	뭐
뿨	워	쏴	뉘	봐
째	대	쭈	지	추
찌	찌	의	효	취
뙈	따	최	괘	래
뀌	뷔	해	지	끄
쒜	샤	쑤	지	궤
찌	캬	희	왜	타
쬐	최	피	쮜	또
뀌	추	꾸	뒤	따
때	찌	채	떠	루
쎄	쒸	퇴	왜	제

27차시 ▶ 쌍자음 + 이중모음(ㅐ ㅔ ㅘ ㅝ ㅟ ㅢ ㅚ ㅙ ㅞ) 단어

학습 목표 쌍자음 + 이중모음(ㅐ ㅔ ㅘ ㅝ ㅟ ㅢ ㅚ ㅙ ㅞ)으로 이루어진 단어를 읽고 발음할 수 있다.

TIP 가로줄에 정답이 한 개씩 있습니다.

쌍자음+'ㅐ'로 이루어진 글자를 찾아 아래의 빈칸에 적어 봅시다.

쌔	뙤	뻬	쐐	뀌

쌍자음+'ㅔ'로 이루어진 글자를 찾아 아래의 빈칸에 적어 봅시다.

뛰	뼈	께	꾀	뽀

쌍자음+'ㅘ'로 이루어진 글자를 찾아 아래의 빈칸에 적어 봅시다.

뛰	쐐	꺄	뾔	쫘

쌍자음+'ㅝ'로 이루어진 글자를 찾아 아래의 빈칸에 적어 봅시다.

꿔	뛰	찌	쐐	꿰

쌍자음+'ㅟ'로 이루어진 글자를 찾아 아래의 빈칸에 적어 봅시다.

께	뙤	빼	뛰	쮸

쌍자음+'ㅢ'로 이루어진 글자를 찾아 아래의 빈칸에 적어 봅시다.

띄	뀌	쐐	꿰	뾔

쌍자음+'ㅚ'로 이루어진 글자를 찾아 아래의 빈칸에 적어 봅시다.

께	뙤	빼	뛰	쮸

쌍자음+'ㅙ'로 이루어진 글자를 찾아 아래의 빈칸에 적어 봅시다.

꿔	뛰	찌	쐐	꿰

쌍자음+'ㅞ'로 이루어진 글자를 찾아 아래의 빈칸에 적어 봅시다.

꿰	쏴	뼈	뛰	쩨

아래 단어를 읽고 뜻이 담겨 있는 단어를 찾아봅시다. 무의미한 단어 말고 뜻이 담겨 있는 단어에만 동그라미 치세요. 단어를 혼자 만들어 보세요. 부록

깨다	꾸러미	쐬규	꽈리	떼쐬
뀌러기	쒸며	떼다	뻬루	쬐다
자쒜	꾀	띄뻬	꿰짜	꽤주
띄다	뛰다	쏴깨	꽈배기	쒸다
빠바	뀌다	꼬뛰	쏴	꿰리
빼다	띄쌔	꿰매다	때	꾀꼬리

28차시

2단계 복습 활동지

학습 목표 자음+모음의 발음을 이해하고 단어를 쓸 수 있다.

아래 빈칸을 채워 봅시다. 단어가 완성되면 글자를 만들어 보아요. 부록

자음, 모음 합치기	자음, 모음으로 나누기	단어
ㅈ + ㅏ → □	두 → □ + □	□
ㅇ + ㅗ → □	리 → □ + □	□
ㅅ + ㅓ → □	재 → □ + □	□
ㅈ + ㅘ → □	우 → □ + □	□

아래 빈칸을 채워 봅시다. 단어가 완성되면 글자를 만들어 보아요. 부록

자음, 모음 합치기	자음, 모음으로 나누기	단어
ㅇ + ㅢ → ☐	자 → ☐ + ☐	☐
ㅋ + ㅏ → ☐	레 → ☐ + ☐	☐
ㅇ + ㅕ → ☐	자 → ☐ + ☐	☐
ㅇ + ㅜ → ☐	유 → ☐ + ☐	☐

29차시 2단계 복습 활동지

학습 목표 자음+모음의 발음을 이해하고 단어를 쓸 수 있다.

아래 빈칸을 채워 봅시다. 단어가 완성되면 글자를 만들어 보아요. 부록

자음, 모음 합치기	자음, 모음으로 나누기	단어
ㄱ + ㅕ → ( )	자 → ( ) + ( )	( )
ㅎ + ㅠ → ( )	지 → ( ) + ( )	( )
ㅁ + ㅛ → ( )	지 → ( ) + ( )	( )
ㅇ + ㅑ → ( )	수 → ( ) + ( )	( )

아래 빈칸을 채워 봅시다. 단어가 완성되면 글자를 만들어 보아요. 부록

자음, 모음 합치기	자음, 모음으로 나누기	단어
ㅎ + ㅛ →	녀 →	
ㅇ + ㅠ →	리 →	
ㅇ + ㅜ →	표 →	
ㅇ + ㅑ →	구 →	

30차시

2단계 복습 활동지

학습 목표 자음+모음의 발음을 이해하고 단어를 쓸 수 있다.

아래 자음과 모음을 더해서 두 글자 단어를 만들어 봅시다. 같은 자음, 모음을 한 번 이상 쓸 수 있어요. 부록

첫 번째 소리	ㄱ	ㄷ	ㄹ	ㅂ	ㅅ	ㅈ	ㅎ	ㅊ	ㄴ	ㅁ	ㅇ
두 번째 소리	ㅏ	ㅗ	ㅡ	ㅛ	ㅑ	ㅐ	ㅣ	ㅕ	ㅜ	ㅠ	ㅓ

ㄱ	ㅏ	ㅈ	ㅣ

ㄱ		ㅊ	
ㅗ		ㅜ	

31차시 ▶ 2단계 복습 활동지

학습 목표 자음+모음의 발음을 이해하고 단어를 쓸 수 있다.

아래 자음과 모음을 더해서 두 글자 단어를 만들어 봅시다. 같은 자음, 모음을 한 번 이상 쓸 수 있어요. 부록

첫 번째 소리	ㅎ	ㅁ	ㅇ	ㄷ	ㄹ	ㅃ	ㄱ	ㅈ	ㄴ
두 번째 소리	ㅏ	ㅗ	ㅡ	ㅐ	ㅕ	ㅜ	ㅣ	ㅓ	ㅠ

ㅈ	ㅣ	ㅇ		ㄱ	ㅐ		ㅃ		ㄹ	ㅣ	ㄷ	ㅏ
		ㅜ					ㅜ					

32차시

2단계 복습 활동지

학습 목표 자음+모음의 발음을 이해하고 단어를 쓸 수 있다.

아래 세 개의 단어 중에서 첫소리가 다른 하나는 무엇인가요?

모자	우유	우리	모자
도주	도로	자리	
거지	하루	거대	
주파	다시	주소	
바보	파도	파리	
호수	호두	소수	
재수	세수	세기	
가지	휴지	가시	
나비	나무	유기	
배치	배우	메기	
노래	시소	노루	
구리	차비	차지	
모두	보루	보수	
배구	배우	오리	
가게	가치	카메라	
토마토	라디오	토지	

33차시

2단계 복습 활동지

학습 목표 자음+모음의 발음을 이해하고 단어를 쓸 수 있다.

아래 세 개의 단어 중에서 끝소리가 다른 하나는 무엇인가요?

사자	바지	투지	사자
도구	치마	지구	
의미	바위	가위	
하마	꼬마	마차	
소비	나무	고무	
어부	주부	하루	
다리	머리	지구	
파리	고소	시소	
하루	노루	소리	
보수	새우	배우	
토끼	기차	도끼	
모자	오리	자리	
가마	나무	파마	
그네	사자	부자	
추위	의지	대지	
호두	자두	거미	

34차시 ▶ 2단계 복습 활동지

학습 목표 자음+모음의 발음을 이해하고 단어를 쓸 수 있다.

아래 설명을 듣고 올바른 답을 적어 보세요. 글자를 만들고 자음을 직접 빼 보면서 해요. 부록

무	'무'에서 자음 '므'소리를 빼면 어떤 소리가 남을까요?	우
도	'도'에서 자음 '드'소리를 빼면 어떤 소리가 남을까요?	
새	'새'에서 자음 '스'소리를 빼면 어떤 소리가 남을까요?	
타	'타'에서 자음 '트'소리를 빼면 어떤 소리가 남을까요?	
훼	'훼'에서 자음 '흐'소리를 빼면 어떤 소리가 남을까요?	
좨	'좨'에서 자음 '즈'소리를 빼면 어떤 소리가 남을까요?	
셔	'셔'에서 자음 '스'소리를 빼면 어떤 소리가 남을까요?	
퓨	'퓨'에서 자음 '프'소리를 빼면 어떤 소리가 남을까요?	
제	'제'에서 자음 '즈'소리를 빼면 어떤 소리가 남을까요?	
뱌	'뱌'에서 자음 '브'소리를 빼면 어떤 소리가 남을까요?	
쿄	'쿄'에서 자음 '크'소리를 빼면 어떤 소리가 남을까요?	
로	'로'에서 자음 '르'소리를 빼면 어떤 소리가 남을까요?	
즤	'즤'에서 자음 '즈'소리를 빼면 어떤 소리가 남을까요?	

35차시

2단계 복습 활동지

학습 목표 자음+모음의 발음을 이해하고 단어를 쓸 수 있다.

아래 설명을 듣고 올바른 답을 적어 보세요. 글자를 만들고 자음을 직접 바꾸어 보면서 해요. 부록

오리	'오리'에서 '오'를 '머'로 바꾸면 무슨 소리가 될까요?	머리
휴지	'휴지'에서 '휴'를 '거'로 바꾸면 무슨 소리가 될까요?	
겨자	'겨자'에서 '겨'를 '여'로 바꾸면 무슨 소리가 될까요?	
의사	'의사'에서 '의'를 '주'로 바꾸면 무슨 소리가 될까요?	
회비	'회비'에서 '회'를 '차'로 바꾸면 무슨 소리가 될까요?	
하마	'하마'에서 '하'를 '이'로 바꾸면 무슨 소리가 될까요?	
보리	'보리'에서 '보'를 '머'로 바꾸면 무슨 소리가 될까요?	

지구	'지구'에서 '구'를 '리'로 바꾸면 무슨 소리가 될까요?	
가래	'가래'에서 '래'를 '구'로 바꾸면 무슨 소리가 될까요?	
소유	'소유'에서 '유'를 '지'로 바꾸면 무슨 소리가 될까요?	
파도	'파도'에서 '도'를 '리'로 바꾸면 무슨 소리가 될까요?	
세수	'세수'에서 '수'를 '모'로 바꾸면 무슨 소리가 될까요?	
의미	'의미'에서 '미'를 '자'로 바꾸면 무슨 소리가 될까요?	
모기	'모기'에서 '기'를 '자'로 바꾸면 무슨 소리가 될까요?	

단계 03

36차시 ▶ 초성+단모음+기본받침(ㄱ ㄴ ㄹ ㅁ ㅂ ㅇ) 글자

학습 목표 기본받침(ㄱㄴㄹㅁㅂㅇ)을 발음할 수 있다.

빨강(자음-초성)+파랑(모음-중성)+검정(자음-받침) 순으로 글자를 만들고 큰 소리로 읽어 봅시다. 읽고 나서 직접 써 보세요. 부록

	ㅏ	ㅏ	ㅏ	ㅓ	ㅓ	ㅓ
ㄱ	각	간	갈	검	겁	겅
ㄴ	낙	난	날	넘	넙	넝
ㄷ	닥	단	달	덤	덥	덩
ㄹ	락	란	랄	럼	럽	렁
ㅁ	막	만	말	멈	멉	멍
ㅂ	박	반	발	범	법	벙
ㅅ	삭	산	살	섬	섭	성
ㅇ	악	안	알	엄	업	엉
ㅈ	작	잔	잘	점	접	정
ㅊ	착	찬	찰	첨	첩	청
ㅋ	칵	칸	칼	컴	컵	컹
ㅌ	탁	탄	탈	텀	텁	텅
ㅍ	팍	판	팔	펌	펍	펑
ㅎ	학	한	할	험	헙	헝
	ㄱ /윽/	ㄴ /은/	ㄹ /을/	ㅁ /음/	ㅂ /읍/	ㅇ /응/

아래 글자를 천천히 읽어 보며 같은 받침소리에 동그라미 쳐 봅시다.

탐	할	탄	콤	불
훈	진	창	톨	홀
폰	칼	창	물	빈
찰	옥	빌	중	국
콕	솔	진	창	픅
겁	붑	검	복	눌
품	탑	몸	폰	장
홀	알	손	몸	혼
앙	중	암	찹	푹
종	잘	졸	중	진
순	속	반	술	각
곡	징	학	진	찹
흡	일	텀	삽	윽
담	속	흑	톰	항
출	핑	큽	힌	발

37차시 ▶ 초성+단모음+기본받침(ㄱ ㄴ ㄹ ㅁ ㅂ ㅇ) 단어

학습 목표 기본받침(ㄱㄴㄹㅁㅂㅇ) 단어를 발음할 수 있다.

아래 기본 받침자음을 보고 그림이 나타내는 두 글자 단어의 받침을 골라 적어 봅시다. 부록

받침
ㄱ
ㄴ
ㄹ
ㅁ
ㅂ
ㅇ

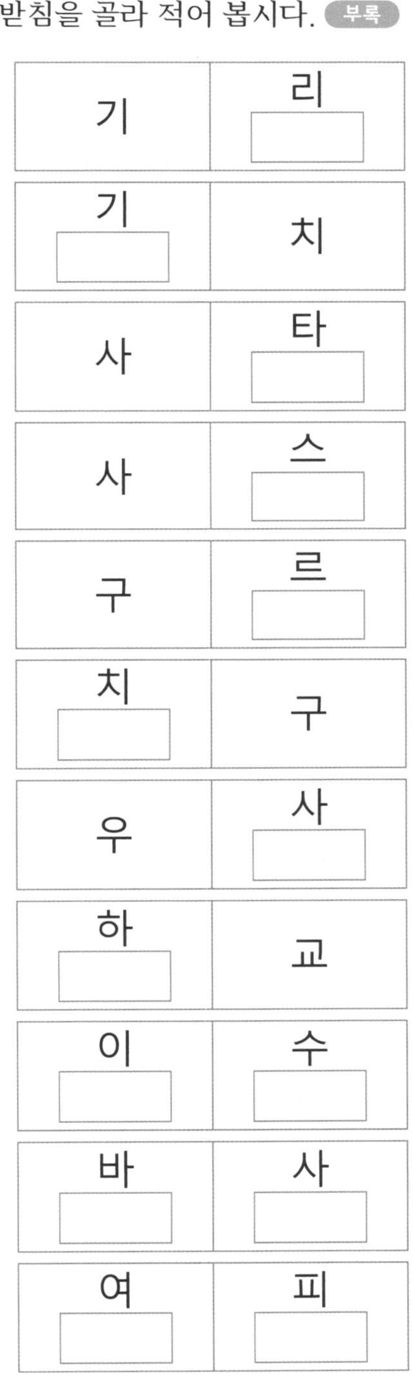

기	리 ☐
기 ☐	치
사	타 ☐
사	스 ☐
구	르 ☐
치 ☐	구
우	사 ☐
하 ☐	교
이 ☐	수 ☐
바 ☐	사 ☐
여 ☐	피 ☐

아래 받침자음을 보고 그림이 나타내는 세 글자 단어의 받침을 골라 적어 봅시다. 부록

자	도	차
커	퓨	터
유	리	커
코	뿌	소
사	무	하
보	서	하
고	기	바
시	호	드
도	시	라
우	도	자
소	가	라

아래 단어를 읽고 받침소리가 같은 단어를 찾아봅시다.

단추	술병	산소	홀로	직수
통치	목석	김치	성취	버스
바람	구름	바닥	술수	사실
하늘	진심	폭포	노을	도망
팔찌	홀수	치약	비누	소식
은혜	기부	혼자	노랑	여름
박수	가을	파리	겨울	악수
가방	놀이	허리	자랑	속지
장소	망고	한지	봄비	가을
살구	가락	꼬리	물소	상처
반지	고기	친구	꾸밈	직화
중앙	앙상	햇살	꼴찌	엄마
분홍	정직	반장	교실	초록
속담	빈속	파손	분신	작심
곡식	연필	꼼수	폭식	필통

38차시 ▶ 초성+단모음+ㄷ 소리(ㄷ ㅅ ㅆ ㅈ ㅊ ㅌ ㅎ) 가족 글자

학습 목표 ㄷ 소리(ㄷㅅㅆㅈㅊㅌㅎ) 받침을 발음할 수 있다.

빨강(자음-초성)+파랑(모음-중성)+보라(자음-받침) 순으로 글자를 만들고 큰 소리로 읽어 봅시다. 모두 "읃" 소리가 나는 받침이에요. 부록

	ㅏ	ㅏ	ㅏ	ㅏ	ㅓ	ㅓ	ㅓ
ㄱ	갇	갓	갔	갖	겇	겉	겋
ㄴ	낟	낫	났	낮	넟	넡	넣
ㄷ	닫	닷	닸	닺	덫	덭	덯
ㄹ	랃	랏	랐	랒	렃	벝	렇
ㅁ	맏	맛	맜	맞	멎	벝	멓
ㅂ	받	밧	밨	밪	벛	벝	벟
ㅅ	삳	삿	샀	샂	섳	섵	섷
ㅇ	앋	앗	았	앚	엋	엍	엏
ㅈ	잗	잣	잤	잦	젗	젙	젛
ㅊ	찯	찻	찼	찾	첯	첱	첳
ㅋ	칻	캇	캈	캊	컻	컽	컿
ㅌ	탇	탓	탔	탖	텇	텉	텋
ㅍ	팓	팟	팠	팢	펓	펕	펗
ㅎ	핟	핫	했	핮	헟	헡	헣
	ㄷ /읃/	ㅅ /읃/	ㅆ /읃/	ㅈ /읃/	ㅊ /읃/	ㅌ /읃/	ㅎ /읃/

아래 글자를 천천히 읽어 보고 같은 받침 모양 글자에 동그라미 쳐 봅시다.

같	몯	컽	앙	첫
덧	갇	넛	롱	텟
숯	긋	뭊	컽	팡
밑	것	돋	벋	숫
앙	멋	츴	상	핕

아래 글자를 천천히 읽어 보고 같은 받침 소리 글자에 동그라미 쳐 봅시다. 모두 "읃" 소리가 나야 해요. 부록

같	갓	갑	각	간
덧	덕	덪	덮	덥
숯	순	숙	숱	숭
밑	밍	밋	민	믹
앙	앗	안	악	압

39차시 ▶ 초성+단모음+ㄷ 소리(ㄷ ㅅ ㅆ ㅈ ㅊ ㅌ ㅎ) 가족 단어

학습 목표 ㄷ 소리(ㄷㅅㅆㅈㅊㅌㅎ) 받침 단어를 발음할 수 있다.

아래 받침 자음을 참고하여 선생님께서 읽어 주는 단어의 받침을 적어 봅시다. 부록

받침
ㅅ
ㅆ
ㅊ
ㅌ
ㄷ
ㅎ
ㅈ

	드 [ ]	다
	씨 [ ]	다
	가 [ ]	다
	지 [ ]	다
	쪼 [ ]	다
	부 [ ]	다
	싸 [ ]	다

아래 단어를 읽고 받침 소리가 같은 단어를 찾아봅시다.

돋보기	싫다	얻다	밉다
빗다	짖다	기울다	줍다
잦다	잇다	지움	갖다
빚	홀수	닻	춤
받다	춥다	월세	싣다
끝	흩어지다	실수	채움
파랗다	좁다	커다랗다	꼭지
촛대	필수	자전거	씻다
탔다	폈다	공기	밤새
쫓다	아쉽다	쌓다	수압
붙이다	탈수	엿보다	넘다
텃새	솟다	출구	톱

40차시 ▶ 초성+단모음+ㄱ·ㅂ소리(ㄱ ㅋ ㄲ/ㅂ ㅍ) 가족 글자

학습 목표 ㄱ·ㅂ소리(ㄱㅋㄲ/ㅂㅍ) 받침을 발음할 수 있다.

빨강(자음-초성)+파랑(모음-중성)+청록/갈색(자음-종성) 순으로 글자를 만들고 큰 소리로 읽어 봅시다. "윽" 소리와 "읍" 소리가 나는 받침이에요. 부록

	ㅏ	ㅏ	ㅏ	ㅓ	ㅓ
ㄱ	각	갘	갂	겁	겊
ㄴ	낙	낰	낚	넙	넢
ㄷ	닥	닼	닦	덥	덮
ㄹ	락	랔	띾	럽	렆
ㅁ	막	맠	맊	멉	멒
ㅂ	박	밬	밖	벚	벞
ㅅ	삭	샄	삮	섭	섶
ㅇ	악	앜	앆	업	엎
ㅈ	작	잨	잒	접	젚
ㅊ	착	챀	챆	첩	첲
ㅋ	칵	캌	캒	컵	컾
ㅌ	탁	탘	탂	텁	텊
ㅍ	팍	팤	팎	펍	펖
ㅎ	학	핰	핚	헙	헢
	ㄱ /윽/	ㅋ /윽/	ㄲ /윽/	ㅂ /읍/	ㅍ /읍/

아래 글자를 천천히 읽어 보고 같은 받침 모양 글자에 동그라미 쳐 봅시다.

넉	굽	독	줍	춒
갑	넉	막	롭	둮
룩	릎	읍	습	믁
돞	캎	튂	픽	학
빆	싶	삮	엎	합

아래 글자를 천천히 읽어 보고 같은 받침 소리 글자에 동그라미 쳐 봅시다. "윽" 혹은 "읍" 소리가 나야 해요.

축	익	춥	딥	릎
좁	죽	숲	푹	축
틱	핍	틒	큒	힙
큪	듂	십	국	닉
헊	삭	싶	홉	틉

41차시 ▶ 초성+단모음+ㄱ·ㅂ소리(ㄱ ㅋ ㄲ/ㅂ ㅍ) 가족 단어

학습 목표 ㄱ·ㅂ소리(ㄱㅋㄲ/ㅂㅍ) 받침 단어를 발음할 수 있다.

아래 받침을 참고하여 선생님이 읽어 주는 단어의 받침을 적어 봅시다. 부록

받침
ㄱ
ㅋ
ㄲ

받침 쓰기

받침 쓰기	단어
	기 어[ ]
	부 어[ ]
	부[ ] 녀[ ]
	새 벼[ ] 녀[ ]
	괴 파[ ]
	안 파[ ]
	떠[ ] 보[ ] 이

아래 받침을 참고하여 선생님이 읽어 주는 단어의 받침을 적어 봅시다. 부록

받침
ㅂ
ㅍ

받침 쓰기			
	이□		
	이□	사	귀
	지□		
	볏	지□	
	아□	정	
	아□	뒤	
	두	르□	
	쌀	바□	
	더□	바□	

아래 단어를 읽고 받침 소리가 같은 단어를 찾아봅시다. 단어들을 직접 만들어 보세요. 부록

미역	부엌	모양	비율	마녀
낚시	누수	연유	날씨	악어
들녘	동녘	달력	들판	담력
안팎	신랑	연필	순록	약품
목적	걱정	밤낮	문장	북녘
수갑	콩알	시간	코앞	수건
무릎	기업	매력	무료	거울
덮밥	답변	옆집	당번	입장
볏짚	맷집	반장	만족	발전
졸업	직업	편식	정원	풀숲

42차시 ▶ 초성+이중·미끌모음+기본받침(ㄱ ㄴ ㄹ ㅁ ㅂ ㅇ)글자

학습 목표 초성+이중·미끌모음+기본받침(ㄱㄴㄹㅁㅂㅇ)으로 이루어진 글자를 발음할 수 있다.

파랑(모음-중성)+검정(자음-종성) 순으로 글자를 만들고 큰 소리로 읽어 봅시다. 부록

ㅑ	약	얀	얄	얌	얍	양
ㅕ	역	연	열	염	엽	영
ㅛ	욕	욘	욜	욤	욥	용
ㅠ	육	윤	율	윰	윱	융
ㅐ	액	앤	앨	앰	앱	앵
ㅔ	엑	엔	엘	엠	엡	엥
ㅒ	얙	얜	얠	얨	얩	얭
ㅖ	옉	옌	옐	옘	옙	옝
ㅘ	왁	완	왈	왐	왑	왕
ㅙ	왝	왠	왤	왬	왭	왱
ㅚ	외	왼	욀	욈	욉	욍
ㅝ	웍	원	월	웜	웝	웡
ㅞ	웩	웬	웰	웸	웹	웽
ㅟ	윅	윈	윌	윔	윕	윙
ㅢ	읙	읜	읠	읨	읩	읭
	ㄱ /윽/	ㄴ /은/	ㄹ /을/	ㅁ /음/	ㅂ /읍/	ㅇ /응/

(자음-초성)+(모음-중성)+(자음-종성) 순으로 글자를 만들고 큰 소리로 읽어 봅시다. 부록

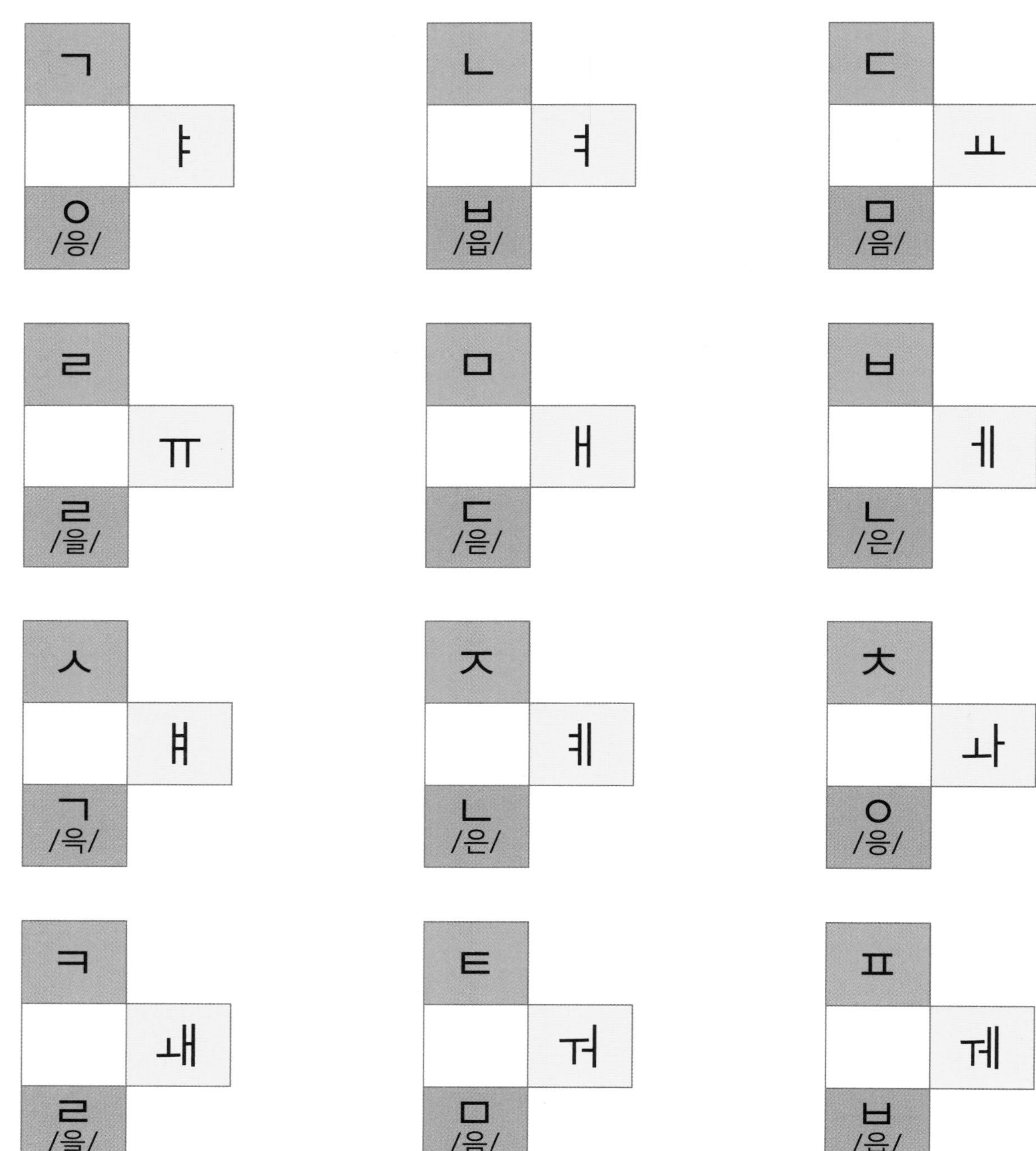

아래 글자를 천천히 읽어 보고 같은 받침 모양 글자에 동그라미 쳐 봅시다. 부록

약	얍	역	욛	율
연	엳	융	욤	얀
욛	얃	열	윱	욤
율	육	욘	엳	양
얨	얩	엠	얟	옐
엡	엗	옝	얨	엡
얭	앵	열	옙	얨
옉	옌	액	엘	앵
완	왇	왤	웹	윈
왣	윔	읻	윌	웽
윌	웬	왈	왬	윋
웸	왠	윋	임	왑
윕	왭	웯	윙	일
잉	윈	윕	왐	왱

43차시 ▶ 초성+이중·미끌모음+기본받침(ㄱ ㄴ ㄹ ㅁ ㅂ ㅇ) 단어

학습 목표 초성+이중·미끌모음+기본받침(ㄱㄴㄹㅁㅂㅇ)으로 이루어진 글자로 발음할 수 있다.

아래 받침 자음을 참고하여 선생님께서 읽어 주는 단어의 받침을 적어 봅시다. 부록

받침
ㄱ
ㄴ
ㄹ
ㅁ
ㅂ
ㅇ

받침 쓰기	단어		
	여 ☐	구 ㄱ	
	과 ☐	과 ☐	
	겨 ☐	소 ㄴ	
	겨 ☐	호 ㄴ	
	여 ☐	서	
	새 ☐	여 ☐	피 ☐
	과 ☐	화	무 ㄴ

아래 단어를 읽고 받침 소리가 같은 단어를 찾아봅시다. 찾은 후 단어를 만들어 보세요. 부록

광대	결혼	왕비	의자
열무	악수	전망	결투
샘터	냄새	생수	터널
역도	전구	향수	석류
확대기	전화기	작대기	대나무
면허	연수	멍게	형사
육지	분수	축구	성장
접수	엽서	전기	수정
별자리	도시락	비행기	열차표
영	연	발	정
단위	만화	방귀	당근
구역	공기	후회	추적

44차시 ▶ 초성+이중 · 미끌모음+ㄷ 소리(ㄷ ㅅ ㅆ ㅈ ㅊ ㅌ ㅎ) 가족 글자

학습 목표 초성+이중 · 미끌모음+ㄷ 소리(ㄷㅅㅆㅈㅊㅌ) 받침으로 이루어진 글자를 발음할 수 있다.

파랑(모음-중성)+보라(자음-종성) 순으로 글자를 만들어 보고 써 보세요. 부록

ㅐ	앧	앳	았	앶	앷	앹	앻
ㅔ	엗	엣	었	엦	엧	엩	엫
ㅒ	얟	얫	얬	얮	얯	얱	얳
ㅖ	옏	옛	옜	옞	옟	옡	옣
ㅘ	왇	왓	왔	왖	왗	왙	왛
ㅚ	왿	욋	욌	욎	욏	욑	욓
ㅙ	왣	왯	왰	왲	왳	왵	왷
ㅝ	웓	웟	웠	웢	웣	웥	웧
ㅟ	윋	윗	윘	윚	윛	윝	윟
ㅞ	웯	웻	웼	웾	웿	웉	웋
ㅢ	읟	읫	읬	읮	읯	읱	읳
	ㄷ /읃/	ㅅ /읃/	ㅆ /읃/	ㅈ /읃/	ㅊ /읃/	ㅌ /읃/	ㅎ /읃/

(자음-초성)+(모음-중성)+(자음-종성) 순으로 글자를 만들고 큰 소리로 읽어 봅시다. 부록

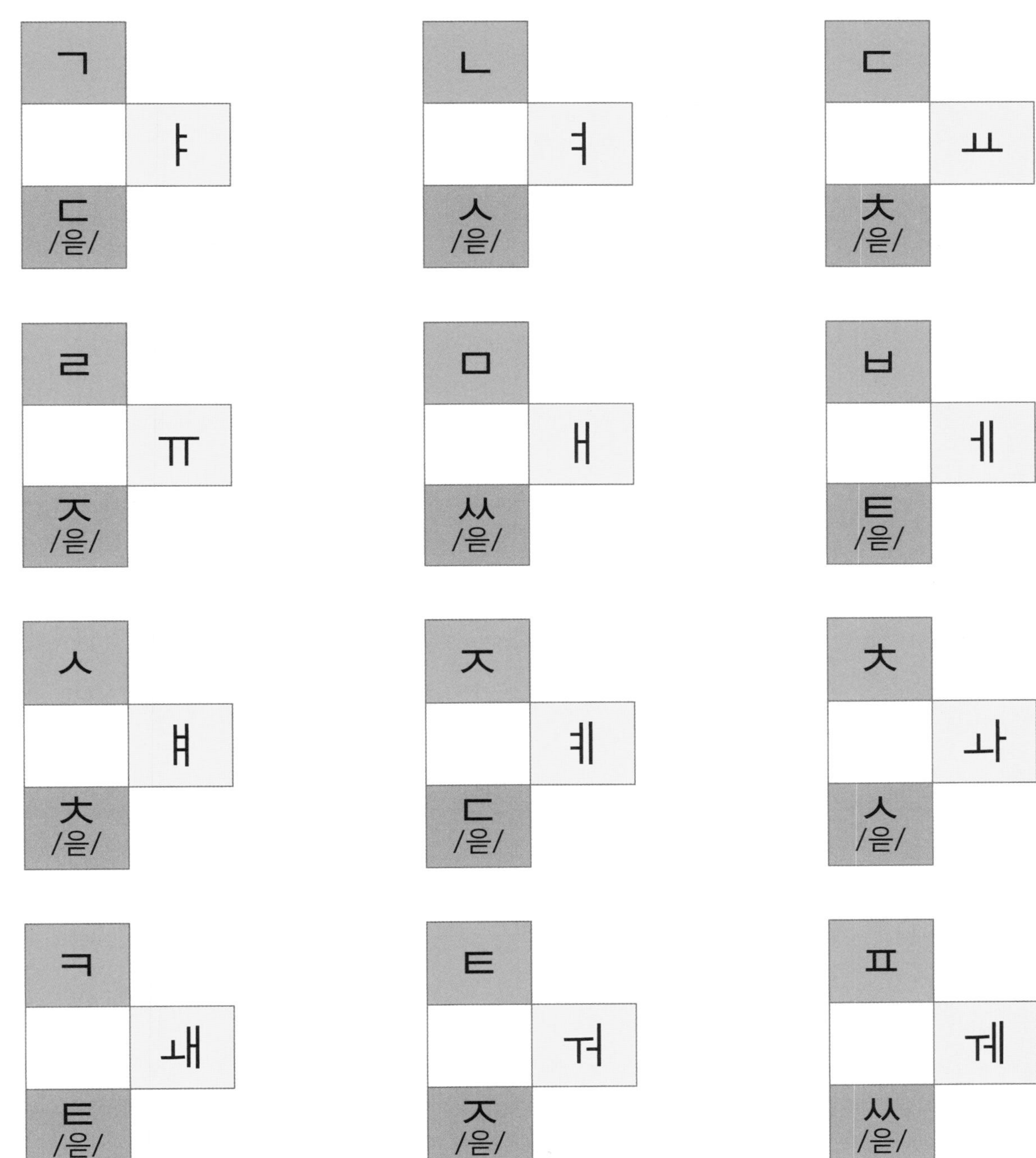

아래 글자를 천천히 읽어 보고 받침 소리가 같은 글자에 동그라미 쳐 봅시다.

앧	얍	앳	엠	윱
엣	앧	엥	왐	엣
얫	얃	앨	욉	욤
옛	웝	욘	읫	윙
왔	윕	웻	얙	옐
욑	엗	옝	읨	윋
왣	웟	엘	욉	앰
웟	옌	왯	욀	앵
윘	웍	왤	웹	옏
웻	왼	얫	웰	왕
읓	엔	엣	욀	읭
왔	왠	읙	얐	왑
앧	웓	윅	윙	웥
엩	왼	윈	왑	왣

45차시 ▶ 초성+단모음+ㄷ 소리(ㄷ ㅅ ㅆ ㅈ ㅊ ㅌ ㅎ) 가족 단어

학습 목표 초성+단모음+ㄷ 소리(ㄷㅅㅆㅈㅊㅌㅎ) 받침으로 이루어진 단어를 발음할 수 있다.

아래 받침자음을 참고하여 선생님께서 읽어 주는 단어의 받침을 적어 봅시다. 부록

받침
ㅅ
ㅆ
ㅊ
ㅌ
ㄷ
ㅎ
ㅈ

받침 쓰기	단어
	외 / 워□ / 다
	새□ / 벼 ㄹ
	배□ / 다
	미 / 다□ / 이
	유□ / 노 ㄹ / 이
	하 / 야□ / 다
	매□ / 히 / 다

아래 단어를 읽고 받침 소리가 같은 단어를 찾아봅시다.

앳되다	살다	잣대	트럭
폈다	지웠다	집다	돌리다
곁치레	탄소	치장	떠맡다
뱃머리	차갑다	솟구치다	돌보다
지나왔다	살다	줍다	태웠다
뿌옇다	노랗다	검다	싱그럽다
엿보다	녹다	놋쇠	달다
뱉어내다	그립다	튕기다	붙이다
맺다	젖히다	먹다	펼치다
받치다	삼키다	묻히다	곱다
빛	각	윷	톱
횟수	잿더미	태엽	흰개미

46차시 ▶초성+이중 · 미끌모음+ㄱ·ㅂ 소리(ㄱㅋㄲ/ㅂㅍ) 가족 글자

학습 목표 초성+이중 · 미끌모음+ㄱ 소리(ㄱㅋㄲ) · ㅂ 소리(ㅂㅍ) 받침으로 이루어진 글자를 발음할 수 있다.

파랑(모음-중성)+청록/갈색(자음-종성) 순으로 글자를 만들어 보고 써 보세요. 부록

ㅑ	얍	얖	약	얔	얶
ㅕ	엽	옆	역	옄	엮
ㅛ	욥	욮	욕	욬	욖
ㅠ	윱	윺	육	윸	윢
ㅐ	앱	앺	액	앸	앢
ㅔ	엡	엪	엑	엨	엒
ㅒ	얩	얲	얙	얰	얚
ㅖ	옙	옢	옉	옠	옊
ㅘ	왑	왚	왁	왘	왂
ㅙ	왭	왶	왝	왴	왞
ㅚ	욉	욒	왹	욐	왺
ㅝ	웝	웦	웍	웤	웎
ㅞ	웹	윂	웩	윀	웪
ㅟ	윕	윞	윅	윜	윆
ㅢ	읩	읲	읙	읰	읚
	ㅂ /읍/	ㅍ /읍/	ㄱ /윽/	ㅋ /윽/	ㄲ /윽/

(자음-초성)+(모음-중성)+(자음-종성) 순으로 글자를 만들고 큰 소리로 읽어 봅시다. 부록

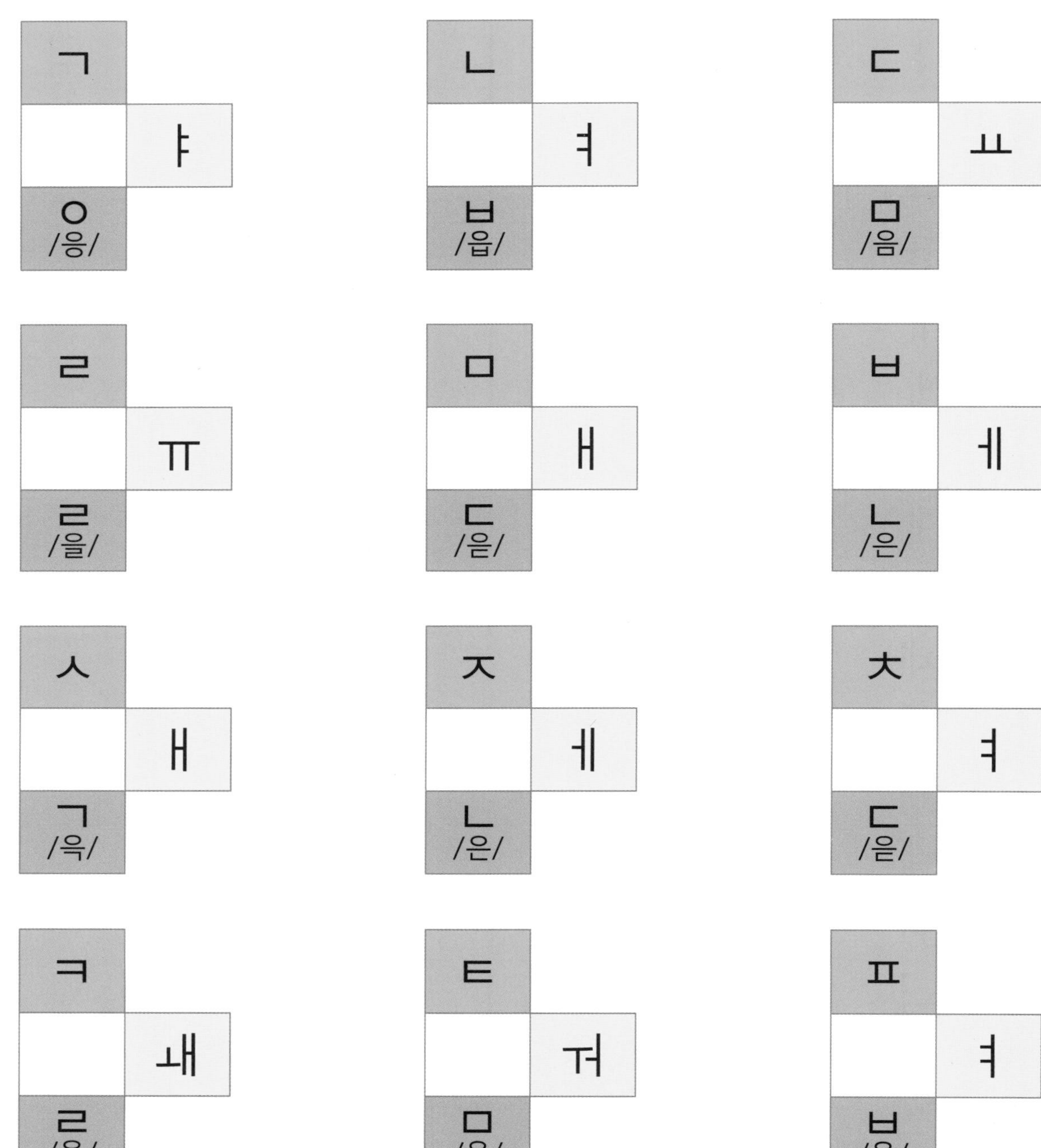

아래 글자를 천천히 읽어 보고 받침 소리가 같은 글자에 동그라미 쳐 봅시다.

엽	육	왑	옌	앨
액	왼	왁	앤	왕
얖	액	엔	왑	왓
왁	월	왼	웰	열
옆	욜	엔	욥	왐
왁	완	웍	왱	옌
왝	웡	얏	완	육
육	연	액	웝	윈
옙	엽	앤	율	왕
엑	왈	의	원	육

47차시 ▶초성+이중·미끌모음+ㄱ·ㅂ 소리(ㄱ ㅋ ㄲ/ㅂ ㅍ) 가족 단어

학습 목표 초성+이중 · 미끌모음+ㄱ 소리(ㄱㅋㄲ) · ㅂ 소리(ㅂㅍ) 받침으로 이루어진 단어를 발음할 수 있다.

아래 받침자음을 참고하여 선생님께서 읽어 주는 단어의 받침을 적어 봅시다. 부록

받침
ㅂ
ㅍ
ㄱ
ㅋ
ㄲ

받침 쓰기		
	야	구
	여	지
	여	서
	유	수
	여	다
	배	조
	부	어

아래 단어를 읽고 첫 받침 소리가 같은 단어를 찾아봅시다. 찾은 후 글자를 만들어 보아요. 부록

약사	팔목	육수	월식
엽서	밉다	요일	공책
백제	샘물	답글	택배
옆집	달력	앞집	공책
엮다	백조	환희	깎다
확신	눈물	횃불	왁스
겪다	닦다	밉다	쓴다
답글	든다	입다	달다
약국	병원	약통	서랍

48차시 3단계 복습 활동지

학습 목표 받침이 있는 글자와 단어를 발음할 수 있다.

아래 빈칸을 채워 봅시다. 단어가 완성되면 직접 만들어 보아요. 부록

자음, 모음 합치기	자음, 모음으로 나누기	단어
ㅈ ㅏ ㄴ → ( )	디 → ( ) ( )	( )
ㄱ ㅏ ㄱ → ( )	도 → ( ) ( )	( )
ㅂ ㅣ → ( )	늘 → ( ) ( ) ( )	( )
ㅁ ㅏ → ( )	음 → ( ) ( ) ( )	( )

아래 빈칸을 채워 봅시다. 단어가 완성되면 직접 만들어 보아요. 부록

자음, 모음 합치기	자음, 모음으로 나누기	단어
ㅂ ㅏ ㅂ	통	
ㄱ ㅗ ㅇ	짜	
ㅅ ㅐ ㅇ	각	

49차시 3단계 복습 활동지

학습 목표 받침이 있는 글자와 단어를 발음할 수 있다.

아래 빈칸을 채워 봅시다. 단어가 완성되면 직접 만들어 보아요. 부록

자음, 모음 합치기	자음, 모음으로 나누기	단어
ㅂ ㅏ ㄷ → ( )	다 → ( ) ( )	( )
ㅆ ㅣ ㅅ → ( )	다 → ( ) ( )	( )
ㄱ ㅏ ㅆ → ( )	다 → ( ) ( )	( )
ㅈ ㅣ ㅈ → ( )	다 → ( ) ( )	( )

아래 빈칸을 채워 봅시다. 단어가 완성되면 직접 만들어 보아요. 부록

자음, 모음 합치기	자음, 모음으로 나누기	단어
ㅉ ㅗ ㅊ → ☐	다 → ☐ ☐	☐
ㅂ ㅜ ㅌ → ☐	다 → ☐ ☐	☐
ㅆ ㅏ ㅎ → ☐	다 → ☐ ☐	☐

50차시 ▶ 3단계 복습 활동지

학습 목표 받침이 있는 글자와 단어를 발음할 수 있다.

아래 빈칸을 채워 봅시다. 단어가 완성되면 직접 만들어 보아요. 부록

자음, 모음 합치기	자음, 모음으로 나누기	단어
ㅇ / ㅏ / ㅂ → □	정 → □ / □ / □	□
ㅁ / ㅜ → □	륲 → □ / □ / □	□
ㄱ / ㅣ → □	억 → □ / □ / □	□
ㅂ / ㅜ → □	엌 → □ / □ / □	□

아래 빈칸을 채워 봅시다. 단어가 완성되면 직접 만들어 보아요. 부록

자음, 모음 합치기	자음, 모음으로 나누기	단어
ㅇ, ㅏ, ㄴ → ( )	팍 → ( ), ( ), ( )	( )
ㄷ, ㅓ, ㅍ → ( )	밥 → ( ), ( ), ( )	( )
ㄲ, ㅏ, ㄲ → ( )	기 → ( ), ( )	( )

51차시 ▶ 3단계 복습 활동지

학습 목표 받침이 있는 글자와 단어를 발음할 수 있다.

아래 설명을 듣고 올바른 답을 적어 보세요. 글자를 직접 만들고 받침을 빼 보면서 해요. 부록

떡	'떡'에서 받침 '윽'소리를 빼면 어떤 소리가 남을까요?	떠
문	'문'에서 받침 '은'소리를 빼면 어떤 소리가 남을까요?	
곰	'곰'에서 받침 '음'소리를 빼면 어떤 소리가 남을까요?	
컵	'컵'에서 받침 '읍'소리를 빼면 어떤 소리가 남을까요?	
못	'못'에서 받침 '읏'소리를 빼면 어떤 소리가 남을까요?	
약	'약'에서 받침 '윽'소리를 빼면 어떤 소리가 남을까요?	
집	'집'에서 받침 '읍'소리를 빼면 어떤 소리가 남을까요?	
탓	'탓'에서 받침 '읏'소리를 빼면 어떤 소리가 남을까요?	
길	'길'에서 받침 '을'소리를 빼면 어떤 소리가 남을까요?	
땅	'땅'에서 받침 '응'소리를 빼면 어떤 소리가 남을까요?	
턱	'턱'에서 받침 '윽'소리를 빼면 어떤 소리가 남을까요?	
불	'불'에서 받침 '을'소리를 빼면 어떤 소리가 남을까요?	
산	'산'에서 받침 '은'소리를 빼면 어떤 소리가 남을까요?	

52차시 ▶ 3단계 복습 활동지

학습 목표 받침이 있는 글자와 단어를 발음할 수 있다.

아래 설명을 듣고 올바른 답을 적어 보세요. 글자를 직접 만들고 바꾸면서 해요. 부록

수박	'수박'에서 '수'를 '호'로 바꾸면 무슨 소리가 될까요?	호박
단추	'단추'에서 '단'을 '상'으로 바꾸면 무슨 소리가 될까요?	
동전	'동전'에서 '동'을 '염'으로 바꾸면 무슨 소리가 될까요?	
염소	'염소'에서 '염'을 '산'으로 바꾸면 무슨 소리가 될까요?	
통발	'통발'에서 '통'을 '단'으로 바꾸면 무슨 소리가 될까요?	
북쪽	'북쪽'에서 '북'을 '동'으로 바꾸면 무슨 소리가 될까요?	
수첩	'수첩'에서 '수'를 '간'으로 바꾸면 무슨 소리가 될까요?	

연습	'연습'에서 '습'을 '기'로 바꾸면 무슨 소리가 될까요?	
사슴	'사슴'에서 '슴'을 '자'로 바꾸면 무슨 소리가 될까요?	
김밥	'김밥'에서 '밥'을 '치'로 바꾸면 무슨 소리가 될까요?	
소금	'소금'에서 '금'을 '장'으로 바꾸면 무슨 소리가 될까요?	
포장	'포장'에서 '장'을 '기'로 바꾸면 무슨 소리가 될까요?	
마늘	'마늘'에서 '늘'을 '차'로 바꾸면 무슨 소리가 될까요?	
공책	'공책'에서 '책'을 '기'로 바꾸면 무슨 소리가 될까요?	

53차시 3단계 복습 활동지

학습 목표 받침이 있는 글자와 단어를 발음할 수 있다.

아래 자음과 모음을 조합하여 세 글자 단어를 만들어 봅시다. 부록

첫 번째 소리	ㄱ	ㄷ	ㄹ	ㅇ	ㅅ	ㅈ	ㅎ	ㅁ	ㄴ	ㅌ
두 번째 소리	ㅏ	ㅗ	ㅣ	ㅛ	ㅑ	ㅟ	ㅡ	ㅕ	ㅜ	ㅠ
끝소리	ㅁ	ㄴ	ㄹ	ㅇ	ㅆ	ㅍ	ㄱ	ㅂ	ㅅ	ㄷ

ㄷ	ㅏ	ㄹ	ㅏ	ㅈ	ㅣ
			ㅁ	ㅜ	

ㄷ		ㅅ		ㄹ	ㅣ
ㅗ		ㅜ			
ㄱ					

54차시 ▶ 3단계 복습 활동지

학습 목표 받침이 있는 글자와 단어를 발음할 수 있다.

아래 자음과 모음을 조합하여 두 글자 단어를 만들어 봅시다. 부록

첫 번째 소리	ㅎ	ㄴ	ㅅ	ㄷ	ㄹ	ㅃ	ㄱ	ㅈ
두 번째 소리	ㅏ	ㅗ	ㅡ	ㅐ	ㅕ	ㅜ	ㅡ	ㅓ
끝소리	ㄱ	ㅇ	ㄹ	ㅅ	ㅂ	ㄷ	ㄴ	ㅌ

ㅎ	ㅏ	ㄴ	
		ㅡ	
		ㄹ	

ㄴ		ㄹ	ㅏ
ㅗ			ㅇ

55차시 3단계 복습 활동지

학습 목표 받침이 있는 글자와 단어를 발음할 수 있다.

아래 자음과 모음을 조합하여 두 글자 단어를 만들어 봅시다. 부록

첫 번째 소리	ㄱ	ㅁ	ㅇ	ㅈ	ㄹ	ㄴ	ㅊ
두 번째 소리	ㅏ	ㅣ	ㅓ	ㅡ	ㅜ	ㅗ	ㅐ
끝소리	ㄱ	ㄹ	ㅇ	ㅁ	ㅅ	ㄴ	ㅆ

ㄱ	ㅏ	ㅁ	ㅐ	ㄱ	ㅣ		ㄱ	ㅓ	ㅈ	ㅓ
	ㄹ							ㄱ		ㅇ

<부 록>
읽기 나침반 한글 붙임딱지

- 자음가족

- 모음가족

ㅏ ㅑ ㅓ ㅕ ㅗ ㅛ ㅜ ㅠ ㅡ ㅣ ㅐ ㅒ ㅔ ㅖ

ㅘ ㅚ ㅙ ㅝ ㅟ ㅞ ㅢ

- 받침가족

(기본받침)

ㄱ ㄴ ㄹ ㅁ ㅂ ㅇ

('은' 소리)

ㄷ ㅅ ㅆ ㅈ ㅊ ㅌ ㅎ

('윽' 소리)

ㄱ ㅋ ㄲ

('읍' 소리)

ㅂ ㅍ

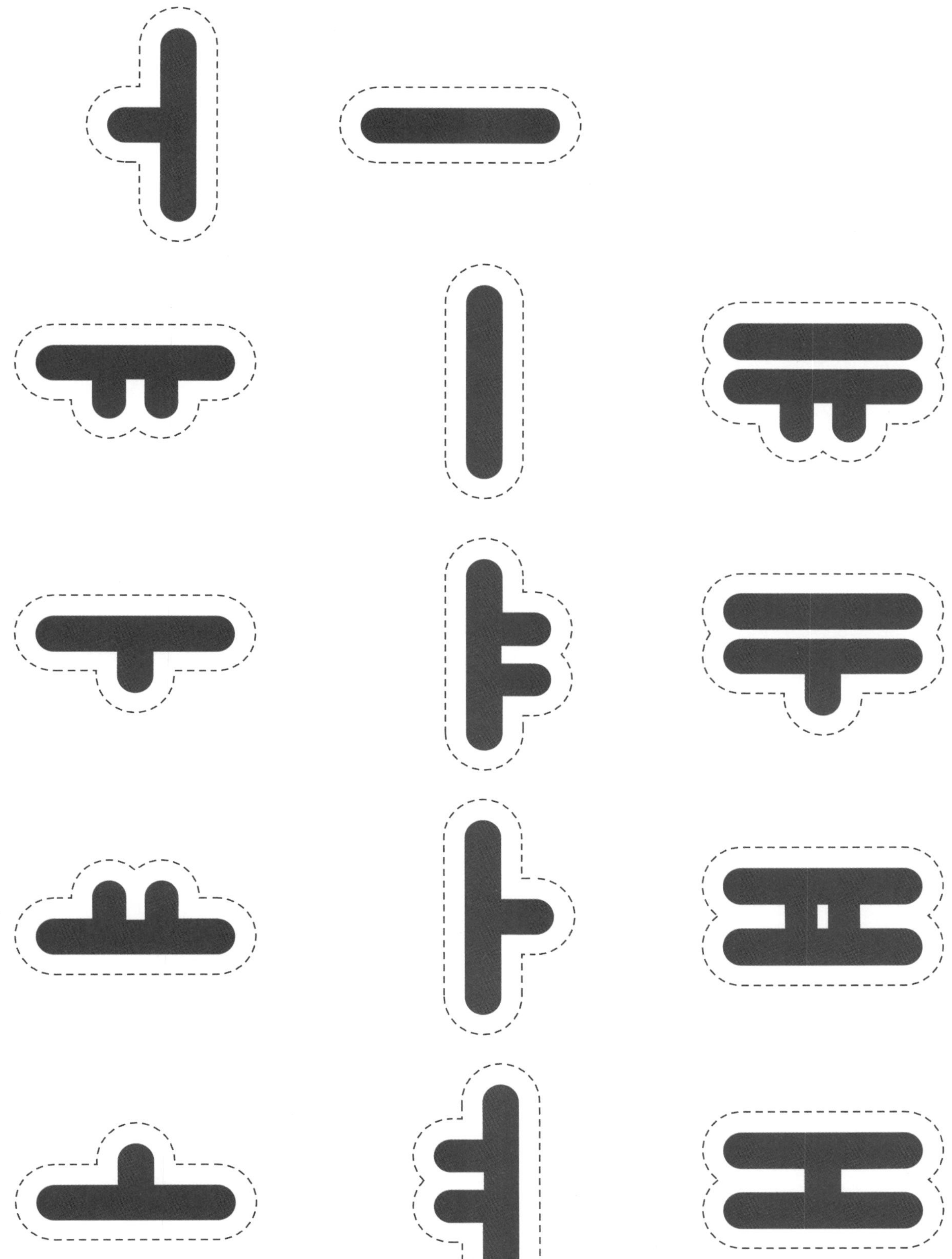

ㅘ ㅚ ㅙ ㅝ

ㅟ ㅞ ㅢ

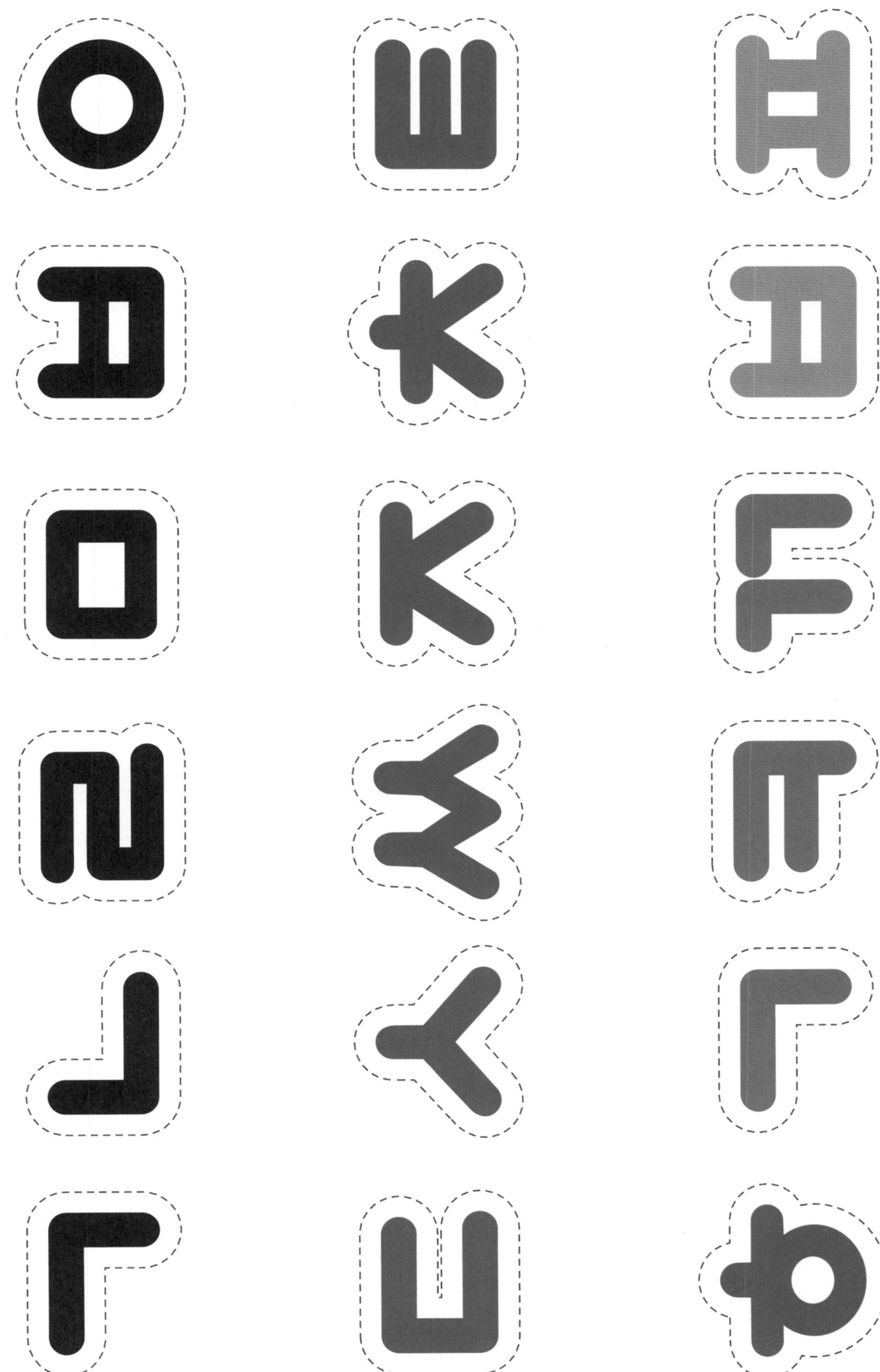

- 자음가족

- 모음가족

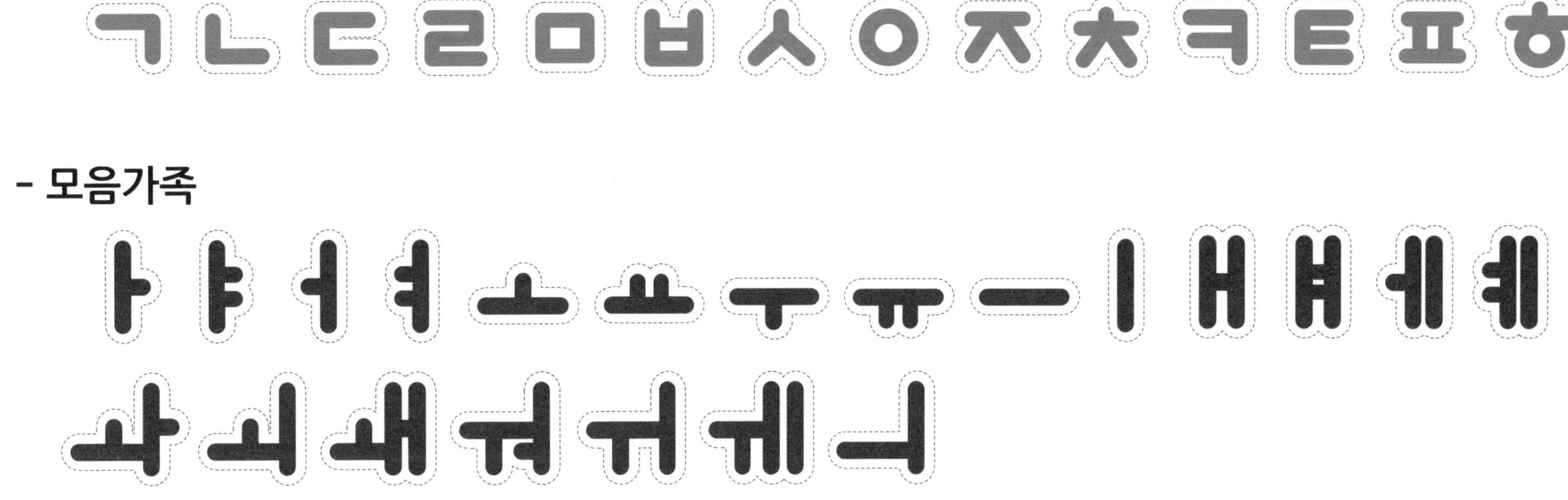

- 받침가족

(기본받침)

('읃' 소리)

ㅓ ㅡ

ㅠ ㅣ

ㅜ ㅑ

ㅛ ㅏ

ㅗ ㅕ

ㅘ ㅚ ㅙ ㅝ

ㅟ ㅞ ㅢ

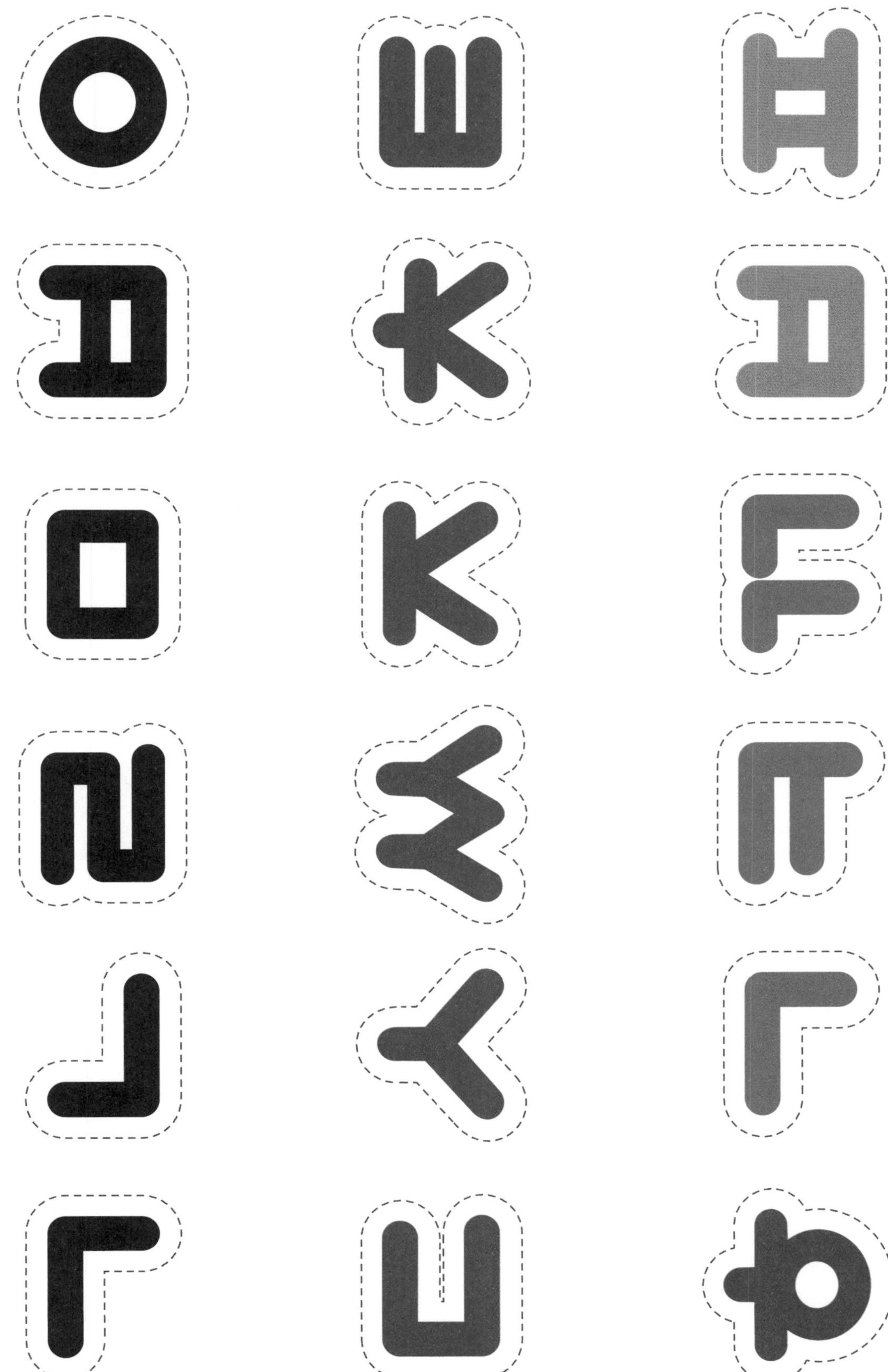

저자 소개

김동일(Kim, Dongil)

현재 서울대학교 사범대학 교육학과 교육상담전공 및 대학원 특수교육전공 주임교수로 재직하고 있다. 서울대학교 교육학과를 졸업하고 교육부 국비유학생으로 도미하여 미네소타 대학교 교육심리학과(학습장애 전공)에서 석사 · 박사 학위를 취득하였다. Developmental Studies Center, Research Associate, 한국청소년상담원 상담교수, 경인교육대학교 교육학과 교수, 한국학습장애학회 회장, 한국교육심리학회 부회장, (사)한국상담학회 법인이사, 한국청소년상담(복지개발)원 법인이사, BK21 PLUS 미래교육디자인연구사업단 단장을 역임하였다. 2002년부터 국가 수준의 인터넷중독 척도와 개입 연구를 진행해 왔으며, 정보화역기능예방사업에 대한 공로로 행정안전부 장관표창을 수상하였다. 현재 서울대학교 다중지능창의성연구센터(SNU MIMC Center) 소장, 서울대학교 특수교육연구소(SNU SERI) 소장 및 한국아동 · 청소년상담학회 회장, 한국인터넷중독학회 부회장, 여성가족부 청소년보호위원회 위원, (사)한국교육심리학회 법인이사 등으로 봉직하고 있다. 『바사와 함께하는 증거기반 수학 문장제 교수-학습 전략』(학지사, 2015), 『BASA-ALSA와 함께하는 학습전략 프로그램 워크북』(학지사, 2015), 『학습장애아동의 이해와 교육(3판)』(공저, 학지사, 2016), 『특수아상담』(공저, 학지사, 2016), 『교육평가의 이해(2판)』(공저, 학지사, 2016)을 비롯하여 50여권의 (공)저서와 200여편의 학술논문이 있으며, 20개의 표준화 심리검사를 개발하고, 20편의 상담사례 논문을 발표하였다.

2014년 정부(교육부)의 재원으로
한국연구재단의 지원을 받은 연구로 진행되었음
(NRF-2014S1A5A2A03064945)

연구책임자 김동일(서울대학교 교육학과)

참여연구원 김희주(서울대학교 특수교육연구소)
안예지(서울대학교 특수교육연구소)
이미지(서울대학교 특수교육연구소)
장세영(서울대학교 특수교육연구소)
신혜연 Gladys(서울대학교 특수교육연구소)
임희진(서울대학교 특수교육연구소)
황지영(서울대학교 특수교육연구소)
안성진(서울대학교 특수교육연구소)

학생용 워크북

BASA와 함께하는
읽기능력 증진 개별화 프로그램

읽기 나침반
❶ 음운인식편

2017년 10월 25일 1판 1쇄 발행
2023년 08월 10일 1판 3쇄 발행

지은이 • 김동일
펴낸이 • 김진환
펴낸곳 • (주) 학지사
04031 서울특별시 마포구 양화로 15길 20 마인드월드빌딩
대표전화 • 02)330-5114 팩스 • 02)324-2345
등록번호 • 제313-2006-000265호

홈페이지 • http://www.hakjisa.co.kr
인스타그램 • https://www.instagram.com/hakjisabook

ISBN 978-89-997-1411-5 94370
978-89-997-1410-8 (set)

정가 13,000원